Mario Leoncini

GLI SCACCHI
NELLE BIBLIOTECHE PUBBLICHE
DI SIENA E PROVINCIA

Nuova edizione aggiornata e corretta

© Mario Leoncini 2016
Stampato da Lulu
ISBN: 978-1-926-51663-5
I edizione 2005
II edizione 2016

INTRODUZIONE

Nel 1848 l'Ilari[1] catalogò una decina di testi scacchistici, tra cui il Lucena, tra i libri della biblioteca pubblica di Siena, ma il gruppo maggiore di monografie anteriori al XX secolo, è costituito da quella che un tempo era la catena B LXXXV B, i cui primi trenta libri furono donati per testamento alla biblioteca comunale di Siena dal pittore Luigi Mussini; due o tre appartennero probabilmente alla Società Scacchistica, operante a Siena tra il 1877 e il 1880 mentre dei rimanenti la provenienza non è conosciuta, ma il fatto che siano catalogati in ordine sparso, lascia supporre che la biblioteca ne sia entrata in possesso per acquisto o per successive donazioni.

Come consuetudine, per cataloghi di questo tipo, ho incluso opere letterarie, filosofiche e scientifiche contenenti anche semplici accenni agli scacchi. Ho invece tenuto fuori le voci di enciclopedie, più o meno esaustive che fossero e gli articoli pubblicati su quotidiani.

Il libro di maggior valore conservato a Siena è la "Repetion de amores" di Lucena (v.). La copia in possesso della biblioteca comunale è l'unica in Italia ed è stata consultata da studiosi di tutto il mondo. Ricordo personalmente che, nel dicembre 1977, accompagnato dal *patron* del torneo di Reggio Emilia Enrico Paoli e da una delegazione sovietica, venne a consultarla il Grande Maestro russo Yuri Averbach.

---

[1] Lorenzo Ilari, *La Biblioteca pubblica di Siena disposta secondo le materie. Catalogo, che comprende non solo tutti i libri stampati e Mss. che in quella si conservano, ma vi sono particolarmente riportati ancora tutti i titoli di opuscoli, lettere, etc.* Siena, all'Insegna dell'Ancora, 1844-1848, Voll. 7, in 4°.

Tra le opere letterarie spicca l'elegante poemetto "De ludo schaccorum" di Marco Girolamo Vida che, soffermandosi sulla collocazione e sul movimento dei pezzi, può essere considerato un vero e proprio manuale di scacchi. Il Vida ebbe molti imitatori, italiani e stranieri, ma è rimasto, per molti aspetti, insuperato. "Il Vate", per gli scacchisti italiani del Sei-Settecento non fu Dante ma questo vescovo umanista che attivamente partecipò al Concilio di Trento da intransigente controriformista, la cui opera è ricordata nelle critiche più accurate della letteratura italiana.

Per quanto riguarda le altre biblioteche il testo di maggior rilievo è il Philidor del 1844, della biblioteca del circolo giuridico.

Questo catalogo, frutto della ricerca operata con qualche migliaio di nomi ma su centinaia di migliaia di libri, è di certo incompleto. Chiedo scusa per le inevitabili lacune e invito il lettore a comunicarmi i titoli di sua conoscenza.

Febbraio 2005

A distanza di oltre dieci anni mi è parso necessario aggiornare e correggere il catalogo.

In questa edizione ho diviso i libri per secolo di pubblicazione (fino al 1400; 1500, 1600, 1700, 1800 e dal 1900 a oggi).

Mario Leoncini
Gennaio 2016

1400

1 Colonna Francesco, *Hypnerotomachia Poliphili, ubi humana omnia non nisi somnium esse docet atque obiter plurima scitu sane quam digna commemorat.* *1499*
Biblioteca di Siena, coll.: O 3 038

In questo libro alle c. g-viii-h si descrivono tre partite con pezzi viventi, in forma di danza. Probabilmente si tratta della fonte primaria della parte scacchistica del Pantagruele di Rabelais (v.). Numerose edizioni esistenti nelle biblioteche di Siena; questa è la più antica.

2 Jacopo da Cessole, *Liber de ludo scaccorum.*

Codice in pergamena in 4° di fog. 22 del XV secolo con alcune figure a penna in margine X.V.40

3 Jacopo da Cessole, *Del giuoco degli scacchi.*

Codice cartaceo con 90 carte scritte. Firenze 18 gennaio 1418. Con iniziale in principio dipinta e dorata. Comincia col seguente titolo: "Qui comincia il prologo di questo libro il quale compuose sopra il giuoco degli scacchi Frate Jacobo Ciesole dell'ordine dei Frati Predicatori – in fine a tergo dell'ultimo fog. Si legge – Io Frate Jacopo da Ciesole dell'ordine ec.. conpuosi questo liberet (in corsivo) a onore e a sollazzo de nobili e gentili huomini, et maximamente di coloro che sanno il giuocho, et ollo rechato a questo fine chome nae donato cholui da chui disciendo ongni optimo et ongni dono perfeto. Addio dunqe sia ongni honore e tutta gloria, per infinita secula sechulorum, Amen. EXPLICIT – Schritto per me Bernardo Bragadim de Mes. Andra da Vinegia, nelle Stinche di Firenze adi XVIIII, gienaio MCCCCXVIIII".

Nel secondo e terzo trattato sono stati lasciati gli spazi per le figure, ma non vi sono state fatte.
Biblioteca di Siena, coll.: I. VII. 18

4   Lucena Luis de, *Repeticion de amores e arte de axedres con el iuegos de partido*. Salamanca, Leonhard Hutz e Lope Sanz, c. 1496 ff. 123 con 162 incisioni in legno.
Biblioteca di Siena, coll.: O VI 037

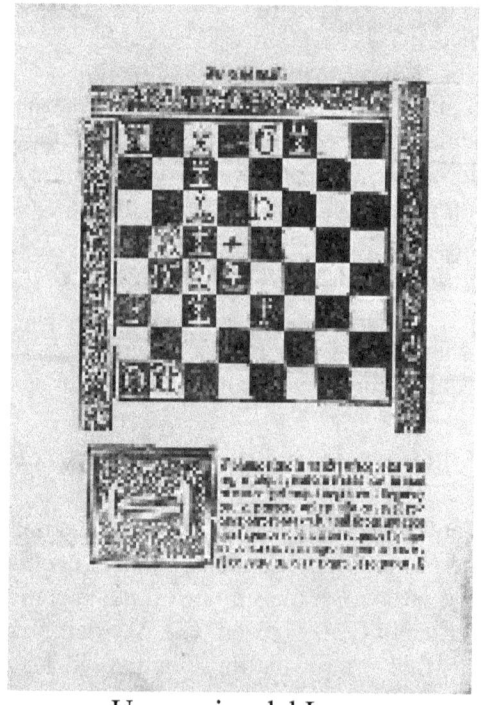

Una pagina del Lucena

Note: Segnatura: a-d8 e4 A8 aa-cc8 dd-ee6 B-F8 G. Legatura in piena pelle su supporto cartonato decorata a secco, sul dorso impressi in oro nome dell'A. e tit. Sulla controguardia anteriore vecchia coll. ms. a matita: R.VII.33. Inserito all'interno del piatto ant. 1 foglio ms. con nota di carattere bibliografico. Sul recto della I

c. di guardia ant. ms.: R.R.R. Sul recto della II c. di guardia ant. conto ms.: [incipit] Conto con le tiratrici della seta dell'anno chiuso(?) ... SI0046

Provenienza: In calce a c. G3v iniziali: F.R., sovrascritte ad una precedente nota ms. di possesso abrasa SI0046

Di questo raro libro, il più antico testo a stampa sugli scacchi, se si eccettua il Vincent andato perduto, se ne conoscono una decina di copie in tutto il mondo e non tutte integre. Quella conservata a Siena, mancante della dedica, è l'unica in Italia.

1500

1 Blochimo G., *Ludus scacchiae: chesse-play. A game, both pleasant, wittie, and politicke: with certain briefe instructions therevnto belonging; traslated out of the Italian into the English tongue. Containing also therein, a prety and pleasant poeme of a whole game played at chesse. Written by G.B.* London, by H. Iackson, 1597, pp. [15], 30, [2]
Biblioteca di Siena, coll.: Patrignani 5256

Sul v del front.: Harding and Wright, Printers, St. John's Square, London; l'esempl. in questione è una ristampa, la cui data è stata variamente citata come 1806, 1809 e 1810; l'esempl. si divide in 2 pt: [pt. 1] To the reader greeting (firmata: G.B.) The chesseplay (firmata: G.B.), [pt. 2] Scacchia lvdvs: chesse play (firmata: W. [G.] B.) To the reader (firmata: G.B.); secondo il Brit. mus. Catalogue, pt. [1] è la semplice abbreviazione della trad. di Rowbothum del "Libro da imparare giocare a schachi" di Damiano da Odemira, pubblicato a Londra nel 1562, sotto il tit. "The pleasaunt and wittie play of te cheasts renewed... Lately translated out of Italien into Frenche [by Claude Gruget] and now set forth in Englische"; pt. [2] è un libero adattamento di "Scacchia ludus" di Marco Girolamo Vida

2 Boccaccio Giovanni, *Il Decamerone.*

Numerose edizioni presenti un po' in tutte le biblioteche. La più antica (1542) si trova nella Biblioteca di Siena (coll.: XXXI\2 I 042). Giornata terza, novella decima: Filomena e Panfilo giocano a schachi; Giornata settima, novella settima: Ludovico e madonna Beatrice giocano a scacchi.

3 Boccaccio Giovanni, *Il filocolo.* Bari, Laterza, 1938, 600 p.

Biblioteca di Siena, coll.: 0001/0167, Biblioteca di Lettere, coll.: 83. C. 3. BOC II,1

Varie edizioni. La più antica (1497) si trova nella Biblioteca Comunale di Siena (coll.: N IV 017)
Alle p.384, 390, 391 e 392 Filocolo e Sadoc giocano a scacchi.

4 Castiglione Baldassarre, *Il libro del cortegiano,* In Firenze: per li heredi di Philippo di Giunta, 1528 del mese d'Ottobre, 220 c.

Biblioteca di Siena, coll.: VIII M 051

Numerose edizioni sono presenti nelle biblioteche di Siena e provincia. Questa è la copia più antica. Libro II, cap. XXXI: giudizio sugli scacchi, cap. LVI: scimmia che gioca a scacchi.

5 Castiglione Sabba, *Ricordi overo ammaestramenti di monsignor Sabba Castiglione.* In Venetia: per Giovanni Bonadio & Domenico F. & C. a Santa Sofia nelle case de i Gussoni, 1562, 152 [2] c.

Biblioteca di Siena, coll.: XXXII G 006

Ricordo LXXIII: giudizio sugli scacchi

6 Castiglione Sabba, *Ricordi di monsig. Sabba da Castiglione, cavalier gerosolimitano ne i quali si ragiona di tutte le materie honorate, che si ricercano a un vero gentilhuomo.* In Vinegia: appresso Domenico Farri, 1584, 296 [4] c.

Biblioteca di Siena, coll.: VII K 018

7 Ducchi Gregorio, *La scacheide di Gregorio Ducchi gentil'huomo bresciano,* Vicenza, appresso Perin libraio & Giorgio Greco compagni, 1586, pp. [6], 120. [2].

Biblioteca di Siena, coll.: IV L 037

Scritte di mano di Belisario Bulgarini sul dorso. Firma di Giuseppe Ciaccheri sul front. SI0046

8   Lopez de Segura Ruy, *Il giuoco de gli scacchi di Rui Lopez, spagnuolo, nuovamente tradotto in lingua italiana da m. Gio. Domenico Tarsia.* In Venetia, presso Cornelio Arrivabene, 1584, 8, 214, 2, p.
Biblioteca di Siena, coll.: B LXXXV B 033

Pubblicato nel 1561 nell'edizione spagnola, questo testo segnò il primo importante contributo alla teoria delle aperture. La copia presente a Siena presenta la corretta dicitura "Gombito".

9   Monosini Ascanio, *Rime d' Ascanio Monosini da Pratovecchio nella traduttione delli duoi libri di monsignor Vida cremonese sopra li vermi che fanno la seta, e del giuoco de' scacchi.* In Fiorenza: appresso Giorgio Marescotti, 1586, 54 [2] p.
Biblioteca di Siena, coll.: VI O 021

Firma di Giuseppe Ciaccheri sul front. In fine a c. G6r nota ms. di mano di Belisario Bulgarini: Il presente libretto fu donato dall' autore a me Bellisario per sua cortesia.

Metton Louis, Ambroise, *Stratégie Raisonée des ouvertures du jeu d'échecs,* [coautori: Preti Jean, Durand Philipp-Ambroise].
(v. Durand Philipp-Ambroise)

10   Olao Magno, *Historia delle genti et della natura delle cose settentrionali da Olao Magno gotho arcivescovo di Upsala nel regno di Svezia e Gozia, descritta in XXII libri. Nuovamente tradotta in lingua toscana.* In Vinegia: appresso i Giunti, 1565 (In Venetia: nella stamperia di Domenico

Nicolini, alle spese degli heredi di Luc'antonio Giunti, 1565).
Biblioteca di Siena, coll.: LXXXIX B001

Traduzione dell'originale latino stampato a Roma nel 1555. Libro XV, cap. XII: Del gioco de li dadi e degli scacchi

11 Petrarca Francesco, *De Rimedi dell'una e l'altra fortuna, cioè Aversa e Favorevole libri 2. Tradotti per Remigio fiorentino.* In Venezia, appresso Domenico Farri, 1584, 416 [4] c.
Biblioteca di Siena, coll.: XXXI\2 I 019

Dialogo XVII tra il Piacere e la Ragione sul gioco degli scacchi.

12 Ringhieri Innocenzio, *Cento giuochi liberali et d'ingegno, novellamente da m. Innocentio Ringhieri gentilhuomo bolognese ritrovati et in dieci libri descritti.* Bologna, per Anselmo Giaccarelli, 1551, 4+162+1c.
Biblioteca di Siena, coll.: VII F 015

Cap. XCVIII, c 157v, 158v, Giuoco de Scacchi

13 Vida Marco Girolamo, *Marci Hieronymi Vidae cremonensis De arte poetica lib. III. De bombyce, ad Isabellam Estensem marchionissam, lib. II. De ludo scacchorum, lib. I. Hymni, cum nonnullis aliis. Bucolica. Epistola ad Ioan. Matthaeum Gybertum.* Lugduni, apud Gryphium, 1536, 155 p.
Biblioteca di Siena, coll.: V O 064 [2]

Elegante e notissimo poemetto in latino, pubblicato per la prima volta a Basilea nel 1525, scritto dall'autore (1490-1566) oltre un decennio prima, conobbe 62 edizioni in latino e ben 73 traduzioni in italiano, francese, inglese, tedesco, polacco e spagnolo.

14 Vida Marco Girolamo, *De Ludo Scacchorum.* Venetiis apud Petrum Rosellum 1550.

15   **Vida Marco Girolamo,** *De Ludo Scacchorum.* Antuerpiae, ex officina Christophori Plantini, 1567, pp. 536

1600

1 Damiano da Odemira, *Libro da imparare a giocare a scacchi di bellissimi partiti, rivisti, e ricorretti e con somma diligenza da molti famosissimi giocatori emendati. In lingua spagnola, & italiana. Novamente composto dal signor don Antonio Porto.* In Bologna, appresso gli heredi di Gio. Rossi, 1606, 48 p.
Biblioteca di Siena, coll.: B LXXXVIII E 041

2 Marino Giovanbattista, L'Adone, Parigi, Oliviero di Varano, 1623, (24), 577 p.
Biblioteca Monte dei Paschi, coll.: 3.c/03

Canto XV, vv. 120-173: partita a scacchi tra Venere e Adone.

Porto Antonio, *Libro da imparare a giocare a scacchi.*
(v. Damiano)

3 Severino Marco Aurelio, *Dell'antica Pettia ovvero che Palamede non è stato l'inventor degli scacchi. Trattato di M. Aurelio Severino di Tarsia su' Crathi. Medico & Filosofo Napoletano. Nel quale si dà la piena certezza non solo de' Scacchi, ma di più Giuochi degli Antichi, non men dilettevoli, che necessarii all'intelligenza di molti luogo di Greci, & Latini Scrittori.* Napoli, a spese di Antonio Bulifon, 1690, 12. 82 p.
Biblioteca di Siena, coll.: B LXI K 17

Sul front. nota ms.: 200; probabilmente ex-libris strappato su contro-piatto ant. SI0046.

13

1700

1   Accademico fiorentino, *Soluzione del problema di percorrere con il passo del cavallo tutte le case della schacchiera [sic] senza passare due volte per la medesima casa: comunicataci da un nostro Accademico Fiorentino.* Sta in: "Magazzino Toscano", vol. V, parte II, Firenze, 1774, p. 182 sgg.
Biblioteca di Siena, coll.: 22 K2 LXXXIII

2   Freret Nicolas, *L'origine de jeu des échecs.* In: Historie de l'Académie royale des inscriptions et belle-lettres. Tome cinquième. A Paris de l'Imprimerie Royale, 1729.
Biblioteca di Siena, coll.: B LXXII F 5. In: Ouvres Completes. Paris Dandré et Obré, 1796, voll. 18, coll.: LV 0 38-55

Huarte Juan, *Essame de gl'ingegni de gl'huomini sopra la Scienza.*
(v. Spiegazione)

3   Leibnith Gottfries Wilhelm, *Annotatio de quibusdam ludis, imprimis de ludo quodam sinico differentiaque schachi et latrunculorum, et novo genere laudinavalis.* Sta in: "Miscellanea Berolinense", 1710, pp. 22-26.
Biblioteca di Siena, coll.: B LXXXII E 16

5   *Spiegazione del giuoco degli scacchi e del significato dei pezzi che s'impiegano nel detto giuoco.*
Biblioteca di Siena, coll.: Ms. V a fog. 211 il Cod. C. VI. 21

Copia manoscritta (XVIII secolo?) di osservazioni di Juan Huarte "Essame de gl'ingegni de gl'huomini sopra la Scienza ecc.", un libro uscito in molte edizioni dopo la prima del 1582.

6   **Vida Marco Girolamo,** *La scaccheide tradotta in versi volgari.* Verona Ag. Carettoni 1753
Biblioteca di Siena, coll.: V L 38

1800

1 *Almanacco dello scacchista pel 1877,* Livorno tip. P. Vannini e figlio. Casa Pia del Refugio, 1877
Biblioteca di Siena, collocazioe: Misc. Senese T. 93 n. 19

Opera leggera curata dalla redazione della Nuova Rivista degli Scacchi. Riporta una traduzione libera del poemetto di William Jones "Caissa", pubblicato a Oxford nel 1772.

2   Amati Giacinto, *Scacchi.* Sta in "Ricerche storico-critico-scientifiche sulle origini, scoperte, invenzioni e perfezionamenti fatti nelle lettere,, nelle arti e nelle scienze". Milano, coi tipi di G. Pirrotta, 1828-1830, vol. III, cap. XVII, articolo VII, pp. 362-384.
Biblioteca di Siena, coll.: Bib. Pop. 00269

3 Arrigo da Settimello, *Trattato contro all'avversità della fortuna.* Sta in: "Il Boezio e l'Arrighetto", a cura di Carlo Milanesi, Firenze, Barbera, 1864.
Biblioteca Osservanza, coll.: 50 L 26

Elegia in latino con un volgarizzamento in tedesco. Contiene un paragone scacchistico importante per i terminitecnici usati e per la data di composizione: 1193.

4   Bilguer Rudolf (von), *Handbuch des Scachspiels.*
Leipzig, Verlag von Veit & comp., 1894. 5ª Aulage.
Biblioteca di Siena, coll.: B LXVIII B21

5   Cavallotti Mattia, *Il Terzo Torneo Nazionale di Scacchi.* Milano settembre 1881. Relazione compilata a cura del Comitato da Mattia Cavallotti.
Milano 1883, pp. 142.
Biblioteca di Siena, coll.: B LXXXV B 29

Il torneo si svolse dall'8 al 29 settembre 1881 in un clima di grande interesse. Alle partite assistettero spesso il drammaturgo Paolo Ferrari, che parlò al banchetto di chiusura, e il compositore scrittore Arrigo Boito.
Classifica: (Milano 8 - 29 settembre 1881): 1. Salvioli 11; 2. Zannoni 10,5; 3. Maluta 10; 4. Crespi 9; 5. Zon 8,5; 6/7. D'Aumiller e Sprega 8; 8. Dalla Rosa 6; 10. Cavallotti 1.

Il testo più importante dell'Ottocento scacchistico. Ideato da Bilguer e ultimato alla sua morte da Von der Lasa, fu pubblicato per la prima volta a Berlino nel 1843; conobbe numerose edizioni, l'ultima curata da Sclechter nel 1916.

6   *Chess Player's Crhonicle (The),* New Series. Edited by C.E. Ranchen. Vol. III 1879. London, W.W. Morgan. Consis.: V.3, n.25 (1879) - v. 3, n. 36 (1879).
Biblioteca di Siena, coll.: PER. CON. 0299.

L'annata 1879 di una delle più prestigiose riviste dell'Ottocento. Fu fondata nel 1840 da Howard Staunton.

7   Colombo Michele, *Il giuoco degli scacchi renduto facile ai principianti.* Trattatello tradotto dall'inglese dall'abate Michele Colombo con annotazioni ed aggiunte del traduttore.
Parma, Paganino, 1821, pp- 8+V+130+1
Biblioteca di Siena, coll.: B XXX G 11

Traduzione del manuale inglese "Chess Mede Easy" (Londra 1797) integrato con i precetti dell'Anonimo Modenese (Ercole del Rio), già pubblicati nel volume del Lolli. Contiene "The Moral of Chess" di Beniamin Franklin. Questo fortunato libretto, stampato per la prima volta nel 1821, conobbe addirittura un'edizione nel 1954 (Milano, G. Zibetti).

8 Colombo Michele, *Il giuoco degli scacchi renduto facile ai principianti. Trattatello tradotto dall'inglese dall'abate Michele Colombo con annotazioni ed aggiunte del traduttore.* pp. 122
Biblioteca di Siena, coll.: B LXX G 5

9 Colombo Michele, *Il giuoco degli scacchi renduto facile ai principianti. Trattatello tradotto dall'inglese dall'abate Michele Colombo con annotazioni ed aggiunte del traduttore.* pp. 124+1
Biblioteca di Siena, coll.: B LXXXVIII E 40

10 Dubois Serafino, *Il primo torneo nazionale dei Giuocatori di scacchi contenente una scelta delle migliori partite giuocate in questa memorabile occasione. Con note analise di Serafino Dubois aggiuntovi il Resoconto Amministrativo dell'Associazione Nazionale per Giovanni Tonetti.* Roma, Tipografia della Pace, 1875, XLVI+167 p.
Biblioteca di Siena, coll.: B LXXXV B 27

Classifica (Roma, 26 aprile - 26 maggio 1875); 1.Seni 13: 2/3.Maluta e Tonetti 12,5; 4.D'Aumiller 8; 5.Marchetti 7; 6.Sprega 6; 7/8.Tormene e Cassoli 4,5; 9.Cantoni 4.

I partecipanti al torneo nazionale di Roma

11 Dubois Serafino, *Le principali aperure del Giuoco di Scacchi sviluppate secondo i due diversi metodi italiano e francese. Per Serafino Dubois.* Prima edizione italiana sulla prima francese, riveduta e corretta e notabilmente accresciuta. Roma, Tipografia de' fratelli Monaldi, 1868-1873. 3 Voll. Legati in uno.
Biblioteca di Siena, coll.: B LXXXV B 19

Serafino Dubois (1817-1899) fu il miglior giocatore italiano dell'Ottocento. Nel 1862 si batté anche col futuro campiona del mondo Wilhelm Steinitz unscendone onerevolmente sconfitto (+3 = 1 –5). Nel 1845 pubblicò a Roma "Les principales ouvertures de jeu des éechecs" in lingua francese, che costituì la base del successivo trattato in italiano. L'opera, uscita a dispense, si ferma a pag. 144 del terzo volume senza la rituale parola "fine".

12 Durand Philipp-Ambroise, *Stratégie Raisonée des ouvertures du jeu d'échecs illustrée de nombreux diagrammes par l'abbé Durand, Louis Metton et Jean Preti. Optarem ut aliquis ludos mathematicé tractaret, et tàm regularum seu*

legum rationem redderet, quàa artificie primarie traderet (Leibinitz). [coautori: Metton, Louis, Preti, Jean]. Paris, 1862, pp. XXIV+444
Biblioteca di Siena, coll.: B LXXXV B 21

Questo libro conobbe una ristampa nel 1867 quando fu diviso in due tomi.

13 Firdusi, *Il libro dei Re. Poema epico recato dal persiano in versi Italici sciolti da Italo Pizzi.* Torino, Bona, 1883-1888. Voll. 8.
Biblioteca di Siena

14 Franklin Benjamin, *La morale degli scacchi.* Sta in: "Scritti minori di Beniamino Franklin raccolti e tradotti dal prof. Pietro Rotondi", Firenze, Barbera, 1870, p. 8-12.
Biblioteca di Siena, coll.: Bib. Pop. 01984.

La "Morale degli scacchi" si trova anche in "Il giuoco degli scacchi" di Michele Colombo [v.] e nella Miscellanea di Carlo Usigli.

15 Giacosa Giuseppe, *Una partita a scacchi. Il trionfo d'amore.* Torino, Casanova, 1878
Biblioteca Lettere Siena, coll.: 83. 7. 1157

16 Jacopo da Cessole, *Volgarizzamento del libro de' costumi e degli offizii de' nobili sopra il giuoco degli scacchi / di frate Jacopo da Cessole, tratto nuovamente da un codice magliabechiano;* [a cura di Pietro Marocco]. Milano, dalla Tipografia del dottore Giulio Ferrario, 1829, XX, 162, [2] p.
Biblioteca di Siena, coll.: IV I 87, coll.: A XI E 22. Biblioteca Circolo Giuridico Siena, coll.: O6 1801

Raccolta di ammaestramenti di fra' Jacopo e da lui messi per iscritto sul finire del 1200 nel "Liber de moribus hominum et hofficiis nobilium super ludo scachorum". Le riproduzioni contenute in questa ristampa sono tratte da xilografie dell'incunabolo fiorentino del 1493.

17 Klett Philipp, *Schachproblems, mit eines einfutrung in die theorie des Schachètpblrms.* Leipzig, Veit et C., 1878
Biblioteca di Siena, coll.: B LXVIII F 35

P. Klett (1833-1910)

Kockelkorn Carl, *101 Ausgewahlte Schachaufgaben Branschawaig* [coautore: Kohtz Johannes]
(v. Kohtz J.)

18 Kohtz Johannes, *101 Ausgewahlte Schachaufgaben Branschawaig.* Verlag von D. Haering & C., 1875. [coautore: Kockelkorn Carl]
Biblioteca di Siena, coll.: B LXXXV B 25

19 Kraus Franziskus Xaver, *Il preteso scacchiere di Dante.* Sta in: "Giornale dantesco", vol. I (1893-94), p. 403-405.
Biblioteca di Siena, coll.: PER CON 0830.

20 Lange Max, *Handbuch der Schacaufgaben.* Leipzig, Velag Veit e Cimp. 1862, XVI, 616 p.
Biblioteca di Siena, coll.: LXVII E 35

21 Lolli Giambattista, *Osservazioni teorico-pratiche sopra il giuoco degli scacchi ossia il giuoco degli scacchi esposto nel suo miglior lume da Giambattista Lolli Modonese. Opera novissima. Contenente le leggi fondamentali: i precetti più purgati, le migliori aperture, le più essenziali terminazioni del Giuoco, una scelta Centuria di elegantissimi partiti, in somma tutto il migliore degli antichi e moderni Autori, e Giuocatori, riformato, ricorretto, ed appianato conforme l'esigenza, e*

*arrichito (oltre un Indice copioso ed esatto) di moltissimi av-
vertimenti, e dichiarazioni valevoli ad istruir pienamente
chiunque desideri d'apprendere con fondamento le regole, gli
artifizj, e le finezze di questo nobil Giuoco. Ludimus effigem
belli...* (Vid. (figur.).
In Bologna 1763, nella stamperia di San Tommaso d'Aquino.
Con approvazione. Folio. 653 p.
Biblioteca di Siena, coll.: B XXXI B 22

22 Lyons Will H., *Chess-Nut Burns, how they are formed
and how to open them. A treatise on Chess Problems, by Will
H. Lyons. Newport, Ky. 1886.* Entered to an Act of Congress
in the year 1885, by Will H. Lyons, in the Office of the
Librarian of Congress, at Washington. Press of C.T. Woodrow
& Co. Cincinnati, 172 p.
Biblioteca di Siena, coll.: B LXXXV B 2

23 Marchettini Paolo, *Il secondo torneo dei giuocatori di
scacchi,* Livorno, Nuova Rivista degli Scacchi, 1878.
Biblioteca di Siena, coll.: B LXXXV B 28

Questo secondo torneo nazionale fu organizzato dalla Nuova
Rivista degli Scacchi (v.). Tra gli invitati figurava Francesco De
Sanctis, all'epoca ministro della pubblica istruzione, che così
rispose tramite telegramma: "Egregio Signore. Arrossisco di
comparire nella lista di tanti valorosi scacchisti che onorano
l'ingegno italiano. Pure io ci sto, perché, se non valente, sono
appassionato cultore di questo nobile giuoco. Mi creda sempre
devotissimo De Sanctis".
Classifica (Livorno 31 agosto - 9 settembre 1878): 1.Sprega 14;
2.Maluta 12; 3.Schultz 11,5; 4.D'Aumiller 11; 5.Marchettini 7;
6.Vansittart 4,5; 7/9. Borgi, Bronzini e Moreno 4.

24 Mussini Luigi, *Gli scacchi nell'Asia centrale.* Sta in: Di
palo in frasca. Pensieri di un'artista. Siena, Gati, 1888, pp.
167-174.

Biblioteca Circolo Giuridico, coll.: Bonci-Casuccini 468, coll.: C4 153, 1-5. Biblioteca di Siena, coll.: bib. Pop. 09691 VII 154.

25 *Nuova rivista degli scacchi,* Roma. Tip. Eredi Botta 1875-1903. Consis.: Anno 1, n. 1 (1875) – Anno 14, n. 4 (1888).
Biblioteca di Siena, coll.: PER. CON. 0298

Fondata da Emilio Orsini e Amerigo Seghieri fu la più importante rivista italiana dell'Ottocento. Nata nel 1875, in seguito al successo del primo torneo nazionale di Roma svoltosi quello stesso anno, cessò le pubblicazioni nel 1903.

26 **Orsini Emilio,** *Raccolta dei migliori problemi presentati ai concorsi internazionali dal 1877 al 1878.* Pubblicazione della "Nuova Rivista degli scacchi". Livorno, G. Meucci, 1878, 32 p.
Biblioteca di Siena, coll.: Misc. Senese T. 93 n. 22

27 **Orsini Emilio,** *Raccolta dei migliori problemi presentati ai concorsi internazionali dal 1878 al 1879.* Pubblicazione della "Nuova Rivista degli scacchi". Livorno, G. Meucci, 1879, 40 p.
Biblioteca di Siena, coll.: Misc. Senese T. 93 n. 23

28 **Orsini Emilio,** *Luigi Mussini* [coautori: Seghieri, Amerigo, Valle Giovanni Battista]. Estratto dalla "Nuova Rivista degli Scacchi" fasc. 9 (1889), 12 p.
Biblioteca di Siena, coll.: Misc. Senese v. 12 n. 18

Il necrologio del pittore e scacchista senese Luigi Mussini (1813-1888), fondatore della Società scacchistica senese e direttore dell'Accademia delle belle arti della città dal 1852 alla morte, ricordato da tre amici scacchisti.

29   Phylidor André Danican, *Analyse du jeu des échecs.* A Paris chez Armand Konig, lineire, Strasburg impr. 1803, 148 p.
Biblioteca di Siena, coll.: B XXX G 15

L'Analyse di Philidor, musicista e scacchista, pubblicato per la prima volta a Londra nel 1749, fu il più importante testo del Settecento. Tradotto in numerose linguie conobbe circa sessanta edizioni. Philidor può, a buon diritto, essere considerato il primo giocatore moderno: ebbe il merito di porre l'attenzione su importanti concetti strategici, quali per esempio la struttura dei pedoni. Di lui il celebre detto: "I pedoni sono l'anima del gioco".

30   Philidor André Danican, *Analyse du jeu des échecs.*
Paris, chez Delarue, 17/844, 146 p.Nouvelle éd., illustrée par cinquante planches ... à laquelle on a joint la Règle du jeu des échecs, l'explication des termes qui lui sont propres.
Biblioteca Circolo Giuridico Siena, coll.: Bonci-Casuccini 4974

31   Ponziani Domenico Lorenzo, *Il giuoco incomparabile degli scacchi sviluppato con nuovo metodo per condurre chiunque colla maggiore facilità dai primi elementi alle finezze più magistrali. Opera d'Autore modenese divisa in tre parti.* Venezia, presso S. Occhi, 1801.
Biblioteca di Siena, coll.: B XXI E 10

Contemporaneo di Ercole del Rio e di Giambattista Lolli, Domenico Ponziani fu il terzo modenese a pubblicare un trattato sugli scacchi. Il suo testo fu il più popolare: ristampato numerose volte su di esso si formarono generazioni di scacchisti italiani

32   Ponziani Domenico Lorenzo, *Il giuoco incomparabile degli scacchi sviluppato con nuovo metodo per condurre chiunque colla maggiore facilità dai primi elementi alle finezze più magistrali. Opera d'Autore modenese divisa in tre parti.* Roma, Giovanni Ferretti, 1826.

33   Ponziani Domenico Lorenzo, *Il giuoco incomparabile degli scacchi sviluppato con nuovo metodo per condurre chiunque colla maggiore facilità dai primi elementi alle finezze più magistrali. Opera d'Autore modenese divisa in tre parti. Prima edizione veneziana eseguita sopra quella di Modena del 1782 per causa di Giusto Adolfo Co, Van Alex Castelli,* Venezia, Tip. Del Commercio, 1861.

34   Preti Jean, *Choix des parties les lus remarquables jouée en Amérique en Angleterre et en France, annotéès par lui-meme et d'autres célébritiés. Recueillies par Jean Preti.* Paris, 1859, XVI+192 p.

Preti Jean, *Stratégie Raisonée des ouvertures du jeu d'é-checs.* [coautori: Durand Philipp-Ambroise, Metton Luis] (v. Durand Philipp-Ambroise)

35   *Ruy Lopez,* *Revista mensuel, eco de los adjedrecistas espanoles.* Barcellona, 1896-1898. Consis., T. 3, n. 1 (1898) - t. 3, n. 12 (1898).

Rivista scritta per metà in spagnolo e metà in italiano, organo dell'Unione Scacchistica Italiana. Direttore della sezione italiana: Augusto Guglielmetti (1864-1936).

36   Salvioli Carlo, *Il quarto torneo scacchistico nazionale in Venezia. Libro pubblicato a cura del Comitato da C, Salvioli.* Venezia, Tip. Ferrari alla Posta, 1884, 78 p.

Classifica (Venezia 27 agosto - 16 settembre 1883): 1.Zannoni 12; 2.Zon 10; 3.Salvioli 9; 4.Previtali 8; 5.Cantoni 7,5; 6.D'Aumiller 6,5; 7.Crosara 4,5; 8.Casalini 4; 9.Vansittart 2,5.

37 Salvioli Carlo, *Il quinto torneo scacchistico nazionale.* Roma 1886. Con una raccolta di partite giuocate nei principali tornei europei nello stesso anno. Venezia, Stab. Tip. Ferrari, Kirchmayr & Scozzi, 1887, 114 p.
Biblioteca di Siena, coll.: B LXXXV B 31

Classifica (Roma, 17-31 marzo 1886): 1.Zannoni p. 7,5; 2.Cantoni 8,5; 3.Forligo 8; 4/5.Salvioli e Zon 6,5; 6.Seni 2; 7.Bellotti 0,5.

38 Salvioli Carlo, *Teoria e pratica del gioco degli scacchi.* Trattato completo esposto per mezzo di esempi pratici. Venezia, tip. G. Ferrari alla Posta, 1885-1887, 3 voll.
Biblioteca di Siena, coll.: B LXXXV B 3/5

L'opera del maggior teorico italiano a cavallo tra Otto e Novecento. Manca il quarto volume: l'indice sinottico (1888). Alcune pagine del terzo volume mancano perché strappate.

39 Scacchi. Sta in: "Giornale di erudizione", n. 23-24, Firenze, F.lli Brocca, dicembre 1891, p. 378-384
Biblioteca di Siena, coll.: PER CON 0670

40 Schallopp Emil, *Der dritte Kongress del Deutschen Schechbundes.* Number, 1883. Leipzig, Verlag von Veit & C., 1884, VIII+302 p.
Biblioteca di Siena, coll.: B LXXXV B 2

Il libro del torneo internazionale, svoltosi a Norimberga dal 16 al 30 luglio 1883. Il torneo, svoltosi con girone all'italiana tra 19 concorrenti, vide la vittoria di Winawer (15), davanti a Blackburne (13,5) e a Mason (12).

41   Seghieri Amerigo, *Il giuoco degli scacchi, guida elementare per principianti compilata per cura di A. Seghieri ed illustrata con molti diagramma.* Livorno, Nuova Rivista degli scacchi, 1880, 152 p. Sul frontespizio timbr: donazione Andreini SI0046.
Biblioteca di Siena, coll.: ANDREINI 2231, coll. B LXVII E 32, coll.: X CVIII F 26

Seghieri Amerigo, *Luigi Mussini* [coautori: Orsini Emilio, Valle Giovanni Battista]
(v. Orsini Emilio)

42   Società Scacchistica Senese, *Statuto.* Siena, Tip. Del Giglio, 1879.
Biblioteca di Siena, coll.: Misc. Senese F 20 n. 18.
Coll.: Misc. Raimondi vol. LX n. 19.

Statuto del primo circolo di scacchi senese, fondato dal pittore Luigi Mussini nel 1877.

43   Usigli Carlo, *Miscellanea del giuoco degli scacchi.* Litografia Richter e C., 1861, 70 + 569 + 604 + 168 p.
Biblioteca di Siena, coll.: B LXXXV B 1

Tra gli autori: Ansidei, Anderssen, Basterot, Bledow, Calvi, Carrera, Cerutti, D'Orville, Dubois, Greco, Jaenisch, Lange, Lichtenstein, Lolli, Morphy, Petroff, Ponziani, Saint-Amant, Salvio, Staunton, Von der Lasa. Il volume è composto dalla *Zatrichiologia,* dal poemetto del Vida (v.), dalla *Morale degli scacchi* di Franklin (v.) e dalla *Miscellanea* vera e propria. Alcuni esemplari omettono la *Zatrichiologia,* presente nella copia della Biblioteca di Siena

44 **Valle Giovanni Battista,** *100 problemi di scacchi di G.B. Valle.* Livorno, Tip. Vannini, 1878
Biblioteca di Siena, coll.: BLXXXV B 24, coll.: BXVIII F 36

Valle Giovanni Battista, *Luigi Mussini* [coautori: Orsini Emilio e Seghieri Amerigo]
(v. Orsini Emilio)

1900-...

1 Acheng Zhong, *Il re degli scacchi*. Traduzione dal cinese a cura di Maria Rita Masci. Roma. Napoli, Theoria, 1989, 90 p.
Biblioteca Chianciano, coll.: N ACH

Il protagonista di questo libro, Wang Yisheng, viene mandato in campagna per essere "rieducato dalle masse". Gli scacchi costituiscono l'unico interesse di Wang che si mette alla ricerca di validi avversari. La sua avventura si conclude con una sfida tra lui, che gioca senza guardare la scacchiera, e nove avversari. Il racconto è uno spaccato della Cina ai tempi della rivoluzione culturale, realtà che Wang visse in prima persona appartenendo egli stesso alla generazione dei "giovani istruiti" mandati nelle campagne cinesi. Nel 1992 il racconto vinse il premio Nonino.

2 Acheng Zhong, *Il re degli scacchi*. Traduzione dal cinese a cura di Maria Rita Masci. Roma. Napoli, Theoria, 1990, 90 p.
Biblioteca Poggibonsi, coll.: OSP ACH RED; Biblioteca Sinalunga, coll.: 895 1 ACH

3 Acheng Zhong, *Il re degli scacchi*. Sta in: "La trilogia dei re". Introduzione di Alfredo Giuliani. Traduzione dal cinese a cura di Maria Rita Masci. Roma. Napoli, Theoria, 1993, 230 p.
Biblioteca di Siena, coll.: 8 B 09607

4 Acheng Zhong, *Il re degli scacchi*. Sta in: "La trilogia dei re". Introduzione di Alfredo Giuliani. Traduzione dal cinese a cura di Maria Rita Masci. Milano, CDE, 1996, 228 p.

5 Acheng Zhong, *Il re degli scacchi,* Roma, p. 93. Editori Riuniti 1998, Traduzione di Maria Rita Masci.

6 Adelson-Velsky, G.M. [e altri], *Programming a Computer for Playing Chess.* Sta in: "Russian Mathematical Surveys", vol. 25, n. 2, 1970, p. 221-262.

7 Agostini Franco, *Lo scambio dei cavalli.* Sta in: "Giochi logici e matematici", Milano, Mondadori, 1982, p. 61-62

8 Alexander Conel Hug O'Donel, *Di più sugli scacchi,* Milano, Garzanti Vallardi, 1979, 200 p.

9 Alfonso X re di Castiglia e Leon, *Il libro dei giochi: il libro dei dadi, delle tavole, del grant acedrex e del gioco di scacchi con dieci caselle, degli scacchi delle quattro stagioni, del filetto, degli scacchi e delle tavole che si giocano con l'astrologia,* Edizione critica a cura di Paolo Canettieri. Bologna, Cosmopoli, 1996, 218 p.

10 Alighieri Dante, *La Divina Commedia.*

Innumerevoli sono le edizioni presenti nelle biblioteche senesi. Il testo più antico è posseduto dalla Biblioteca Comunale di Siena (coll.: VI B/2 001) e risale al 1512. Nel canto XXVIII del Paradiso, si trova la terzina: "L'incendio suo seguiva ogne scintilla;/ ed eran tante, che 'l numero loro/ più che 'l doppiar de li scacchi s'inmilla".

Dante dimostra di conoscere la progressione dei numeri legati alla scacchiera, collegata alla leggenda dei chicchi di grano.

11 Allen Woody, *Il carteggio epistolare Gossage-Vardebedian.* Sta in: "Saperla lunga". Milano, Bompiani.
Biblioteca Abbadia San Salvatore

Descrizione umoristica di una partita a scacchi per corrispondenza.

12 ASIGC, *Yearbook 2010,* Milano, ASIGC, 2010, p. 352
Biblioteca Monteriggioni, 794 105 ASI

13 ASIGC, *Yearbook 2011,* Milano, ASIGC, 2011, p. 352
Biblioteca Monteriggioni, 794 105 ASI

14 Averbach Juri L'vovic, *Giocare a scacchi. I grandi maestri ci insegnano regole, metodi e strategie.* [coautore: Bejlin Michael]. Roma, Editori riuniti, 1984, 205 p. 2ª ed.
Biblioteca di Siena, coll.: 0193/ 0071. Biblioteca Castiglion d'Orcia, coll.: 794 1 AVE ; Biblioteca di San Quirico d'Orcia, coll.: N VI 07. Biblioteca di Torrita, coll. 794.1 AVE. Biblioteca di Chianciano.

Traduzione e adattamento di Maria Cristina Bornacin

15 Averbach Juri L'vovic, *Lezioni di scacchi..* [coautore: Bejlin Michael]. Milano, Rizzolii, 1990, 404 p.
Biblioteca Montepulciano, coll.: 794 1 AVE.

16 Aviezri S. Fraenkel, *Computing a perfect strategy for non Chess requires time exponential in n.* [couatore: Lichtenstein David]. Sta in: "Journal of combinatorial theory. Serie A", 31, 1981, p. 199-214
Biblioteca Scientifico Tecnologica San Niccolò, coll.: Dip. Matematica

17 Bagnoli Paolo, *Scacchi. Storia, controstoria e altre cose ancora.* Milano, Mursia, 1978, 312 p.
Biblioteca di Siena, coll.: 7 C 00505, coll.: 7 C 00908

18 Balena Francesco, *Regine e amazzoni: il grande ritorno.* [coautore: Giustozzi Corrado]. Roma, McMicrocomputer 131, Technimedia, 1993, p. 206-210.
Biblioteca Scientifico Tecnologico San Niccolò, coll.: Dip. Matematica

In questo articolo i due autori affrontano il problema delle otto regine sulla scacchiera.

19 Bandello Matteo, *Il giuoco degli Scacchi e il giuoco dell'Amore. La Nencia dà al Bandello scacco matto.* Sta in: "Il Canzoniere", Torino, UTET, 1928, 342 p.
Biblioteca di Cetona, Fondo Coppa coll.: 851.3 BAN

Sonetto CLIV: Spesso Madonna a Scacchi far m'invita/ e piglia per suo Rege un dolce sguardo,/ bellezza per Reina, ed ond'i m'ardo,/ con que' begli occhi per Arfil s'aita.// Rocche 'l parlar, e fa la speme ardita/ e pace e guerra cavalcar i' guardo/ motti, sdegni, furor, attender tardo/ atti, cenni, no... sì... pedoni addita.// Ed io per Rege le appresento il core/ con pietoso mirar, con gli occhi morti/ tema, silenzio, e gelosia.// Strazio, pianto, servir, riso, dolore/ Fede, credenza e passi male accorti:/ ma beltà dammi scacco tuttavia.

20 Barzanti Luca, *Gli scacchi come strumento di didattica della matematica.* [coautrice: Fabbri Stefania]
Sta in: "Matematica e Scacchi" (v.), p. 41-57

Bausani, Alessandro, *La letteratura persiana.* [Coautore: Pagliaro Antonino].
(v. Pagliaro Antonino]

21 Beckett Samuel, *Murphy.* Paris, Editions de minuit, 1965
Biblioteca Lettere, coll.: 84. 3. 1697.

Appassionato giocatore, Beckett giocò a lungo con Marcel Duchamp. Nel romanzo è riportata una partita tra il protagonista e tal Endon. L'atto unico, "Finale di partita", è ispirato agli scacchi.

22 Beckett Samuel, *Murphy,* Milano, Mondadori, 1967
Biblioteca di Siena, coll.: Patrignani 6512.

23 Beckett Samuel, *Murphy,* Paris, Editions de minuit, 1979
Biblioteca Lettere, coll.: 84. 3. 779.

24 Beckett Samuel, *Murphy,* Torino, Einauidi, 2003
Biblioteca di Siena, coll.: 0203/0453.

Bejlin Michael, *Lezioni dia scacchi*
(v. Averbach Juri L'vovic)

25 Bell Robert Charles, *Il libro dei giochi da tavolo.*
Milano, Idealibri, 1979, 159 p.

Versione italiana di Giampaolo Dossena. Scacchi alle p. 18-25.

26 Bergman Ingmar, *Il settimo sigillo.* Sta: in: Bergman, "Quattro film", Torino, Einaudi, 1961.
Biblioteca di Siena, coll.: 0049/0285.

27 Berliner, Hans J., [e altri]*, Measuring the Performance Potential of Chess Programs.* Sta in: "Artificial Intelligence", 43, 1990, p. 7-20.
Biblioteca di Ingegneria, coll.: PER 168

Bjelica Dimitrije, *Rapporto da Baguio,*
(v. Tal Michael)

28 Blanco Uvencio, *Why teach chess in schools?* F.I.D.E., Chess in Schools Committee, Milano, Verpal, 1999, 183 p.
Biblioteca di Colle Val d'Elsa, coll.: ENG 794.1 BLA

29 Boito Arrigo, *L'alfier nero.* Presentazione di Anita Seppilli. Il trapezio. Iberia. Bologna, Cappelli, 1979, 151 p.
Biblioteca di Siena, coll.: 8 C 02685

30 Bojce, J., *A Kriegspiel Endgame,* Sta in: "The Mathematical Gardner", Boston, Weber & Schmidt, 1981, 382 p.
Biblioteca Scientifico Tecnologica San Niccolò, coll.: I 5 030

31 Bombelli Lanfranco, *I regolamenti degli scacchi,* Associazione Torre e Cavallo, Roma, 1992, 128 p.
Biblioteca di Monteriggioni, coll.: 794.1 BOM

32 Bontempelli Massimo, *La scacchiera davanti allo specchio.* Sta in: Due favole metafisiche (1921-1922) insieme a "Eva ultima". Milano, Mondadori, 1940, 284 p.
Biblioteca Castellina in Chianti, coll.: 853.912 BON

33 Bonivento Oscar, *La genialità compositiva di Giorgio Guidelli.* Venezia, Scacchi e Scienze Applicate, 2003, 157 p.
Biblioteca di Siena, coll.: **7 A 03638**

Edizione limitata a trecento esemplari numerati.

34 Borges Jorge Luis, *Ajedrez.* Sta in: "L'artefice", Milano, Adelphy, 1999.
Biblioteca di Siena, coll.: 0247/0362

Gli scacchi [1899]. In un chiuso angolo/ i giocatori muovono i lenti pezzi/ e la scacchiera, fino all'alba,/ e li consuma e li avvince/ al rigido spazio/ dove aspramente lottano due colori./ S'irradiano, là sopra/ fatate ineluttabili figure/ una torre omerica, un agile cavallo/ una temeraria regina, un alfiere obliquo,/ muti fanti minacciosi,/ uno stenuo re./ Anche se i giocatori se ne andranno,/ persino quando il tempo li avrà consumati,/ con loro non finirà questo eterno rito./ Dall'oriente, fiammeggiando, cominciò questa guerra/ che oggi ha scelto tutto il mondo come teatro./ È infatti, come un altro, questo giuoco infinito/. E il re cortese, il sinistro alfiere/ la regina irriducibile, la rigida torre, l'accorto pedone/ sopra questo spazio bianco e nero/ si cercano e si scelgono/ in una muta accanita battaglia./ Non sanno che la mano precisa di un giocatore/ governa quel destino/ non sanno che una legge ineluttabile/ decide il loro prigioniero capriccio./ Ma anche il giocatore (Omar Khayyam lo ricorda)/ è prigioniero di un'altra scacchiera/ di notti nere e di accecanti giorni./ Dio muove il giocatore/ che muove il pezzo./ Ma quale dio, dietro Dio,/ questa trama ordisce/ di polvere e di tempo, di sogno e di agonia?

35 Bott Raymond, *Giochiamo a scacchi. Manuale semplice per i principianti dagli 8 agli 80 anni.* [coautore: Morrison Stanley]. Edizione italiana a cura di Adriano Chicco, Milano, Mursia, 1970.
Biblioteca di Siena, coll.: RA CONS 794 BOTR GIO; Biblioteca di Siena: L.R. 6 B 00002;

36 Bott Raymond, *Giochiamo a scacchi. Manuale semplice per i principianti dagli 8 agli 80 anni.* [coautore: Morrison Stanley]. Edizione italiana a cura di Adriano Chicco, Milano, Mursia, 1972.
Biblioteca di Rapolano, coll.: 7 B 40

37 Botvinnik Mikhael M., *Computers in Chess: solving inexact search problems.* Translated by Arthur A. Brown, with contributions by A.I. Reznitsky [et al.]
New York, Springer, 1984, p. 158.
Biblioteca Scienze, coll.: A 2 079

38 Bozzo U., *Il calcolatore nel gioco degli scacchi.* Sta in: "Atti convegno nazionale sui giochi creativi", Siena, Tipografia Senese, 1981, p. 110-111
Biblioteca di Siena, coll.: 6 B 01676. Biblioteca Scienze Siena, coll.: Dip. Matematica H 18 20. Biblioteca di Monteriggioni: 793.74 CON.

39 Braccini Giulio, *Donna, Cavallo-matto (D, C#). Suggestioni, metafore e strutture scacchistiche fino all'Alice di Lewis Carroll e al Sebastian Knight di Vladimir Nabokov.* Siena, 2004, tesi di dottorato, 161 p.
Biblioteca Lettere Siena, coll.: T. 4317

40 Braga Fernando, *Chessbase, Giocare a scacchi con il computer come un campione del mondo.* Roma, Prisma, 1989, 80 p.
Biblioteca di Monteriggioni, coll.: 794.172 BRA

41 Brambilla Cristiana, I *custodi degli scacchi neri,* Milano, Salani, 2005, 167 p.
Biblioteca di Siena. Coll.: RA-R Fantasy BRACCUS

42 Braunberger Federico, *Il gambetto nella partita a scacchi.* Milano, De Vecchi, 1986, 152 p.
Biblioteca di Montepulciano. Coll.: 794 12 BRA

43 Buckley Graeme, *Trends in the Trompovsky, London. Vol. 4.* Trends Publications, 1997, 34 p.
Biblioteca di Monteriggioni, coll.: 794.12 BUC

44 Burckhardt Titus, *Il simbolismo del gioco degli scacchi.* Sta in: "La maschera sacra ed altri saggi", Milano, Arché, 1979. p. 23-32.
Biblioteca di Siena, 2 B 01866

45 Caldwell, Susan, *Gli scacchi.* Milano, Mondadori, 1982, 84 p.
Biblioteca Colle Val d'Elsa, coll.: R 794.1

46 Calvino Italo, *Le città invisibili.* Torino, Einaudi, 1972, 17-170 p.
Biblioteca di Siena, coll.: Milano 2033. Biblioteca Lettere, coll.: 83. 8. 766. Biblioteca Abbadia San Salvatore, coll.: 001891

Alle p. 127, 129 e 139 l'autore descrive una partita a scacchi tra Kublai Kan e Marco Polo.

47 Calvino Italo, *Le città invisibili.* Torino, Einaudi, 1978, 170 p.
Biblioteca Torrita, coll.: 853.9 CAL.

48 Calvino Italo, *Le città invisibili.* Milano, Mondadori, 1992, XLVII+164 p.
Biblioteca di Lettere, coll.: 83. 8. 2038 (1). Biblioteca Sinalunga, coll.: 853.914

49 Campbell Murray S, An enjoyable game. How HAL plays chess, sta in: HAL's legac. 2001' s computer as dream and reality, a cura di G. Stork y. Cambrisge, MIT Press, 1997, pp. 75-100
Biblioteca di Scienze, coll.: L 2 413; Biblioteca Umanistica, coll.: 21 4 170; coll.: 21 4 465

50 Canetti Elias, *Auto da fé.* Milano, Garzanti, 1981.
Biblioteca di Siena, coll.: 8 B 05672, coll.: 0247/0114. Biblioteca di lettere, coll.: 85. 3. 653

Nel romanzo, scritto nel 1935, compare un personaggio di nome Fischerle, abbreviato in Fischer, che vive solo per gli scacchi, desidera diventare ricco con il gioco, abitare in una casa ispirata al gioco e pretende cifre altissime per giocare. Bobby Fischer è nato nel 1943.

51 Canetti Elias, *Auto da fé.* Milano, Garzanti, 1987.
Biblioteca Univ. Stranieri, coll.: 800. C. 8 (59)

52 Capablanca José Raul, *I fondamenti degli scacchi e il match Lasker-Capablanca.* Traduzioni di Elio Picardi e Bruno Arigoni. Milano, Mursia, 1999, 187 p.
Biblioteca di Monteriggioni, coll.: 794.1 CAP

53 Capablanca José Raul, *Il primo libro sugli scacchi,* Milano, Mursia, 1998, p. 190
Biblioteca Sinalunga, coll.: 794.1 CAP

54 Capece Adolivio, *Gli scacchi con i campioni. 105 partite per imparare i segreti e le tecniche dei Maestri.* Milano, Zelig, 2006, 303 p.
Biblioteca di Poggibonsi: Coll. 794.12 CAP; Biblioteca Poggibonsi, coll.: TEMPO LIBERO SCACCHI CAPA

55 Capece Adolivio, *Imparo gli scacchi.* Milano, Mondadori, 1976, 252 p.
Biblioteca di Cetona, coll.: 794.1 CAP

56 Capece Adolivio, *Imparo gli scacchi.* Milano, Mondadori, 1984, XXIV+268 p.
Biblioteca di Abbadia San Salvatore, coll.: 005524. Biblioteca di Monteriggioni, coll.: 794.1 CAP

57 Capece Adolivio, *Le più belle vittorie del campione mondiale di scacchi Anatolij Karpov.* Milano, Feltrinelli, 1975, 275 p.
Biblioteca di Siena, coll.: Coll. 0188

58 Capece Adolivio, *Storia degli scacchi.* Milano, De Vecchi, 1973, 389 p. [16] p. di tav.
Biblioteca di Siena, coll.: 7 A 02229. Biblioteca Colle Val d'Elsa, coll.: 794.1 CAP

59 Carboni, Stefano, *Chessmen in the Department of Islamic Art at the Metropoliotan Museum of Art,* Venezia, Scacchi e Scienze applicate, 199, 14 p.
Biblioteca di Monteroni d'Arbia

60 Carlier Bruno, *Trends Sicilian Dragon. Yugoslav Attack.* London, Trends Publications, 1991, 42 p.
Biblioteca di Monteriggioni, coll.: 794.12 CAR

61 Carroll Lewis, *Alice nel paese delle meraviglie. Attraverso lo specchio.* Pordenone, Edizioni studio tesi, 1991, XXVI+198 p.
Biblioteca Umanistica, coll.: 86 3 1589
Altre edizioni si trovano in diverse biblioteche senesi a partite da quell comunale e nelle biblioteche di Poggibonsi, Chianciano, Montalcino, Colle Val d'Elsa, Torrita, Abbadia San Salvatore, San Gimignano,

Nel racconto *Attraverso lo spe*cchio è narrata una partita a scacchi.

62 Cassano Roberto, *L'Italia scacchi. Guida turistica ai luoghi degli scacchi,* [coautore Leoncini Mario] Bologna, Le Due Torri, 2014, p. 200.
Biblioteca di Siena, coll.: SV B 0430; coll.: 792.1.CASR

63 Cavallanti Paola, *Il manuale degli scacchi. Tutte le strategie e le mosse vincenti,* Firenze Milano, Giunti Demetra, 2002, p. 127
Biblioteca Chianciano, coll.: 794 1 MAN; Biblioteca Chiusi, coll.: 794 1 MAN; Biblioteca Sinalunga, coll.: 794 1 MAN; Biblioteca Trequanda, coll: 794 1 MAN

64 Cecchi Doretta, *L'immortale gioco dei Re.* [coautore: Hafler David]. Sta in: "Bolaffi Arte, Milano, Bolaffi e Mondadori n. 37, anno V, febbraio 1974, p. 27-33.
Biblioteca Lettere e Filosofia, coll.: 0 57 B 13

Illustra con fotografie a colori alcune serie della collezione di pezzi di scacchi di David Hafler (USA).

65 Ceserani Gian Paolo, *Gli automi. Storia e mito.* Bari, Laterza, 1983,
Biblioteca di Siena, coll.: 0545/0032. Biblioteca Scientifico Tecnologica San Niccolò, coll.: N 2 163

P. 156-180: *Il favoloso Turco.*

66 Chandler Murray, *Sicilian 2.c3.* London, Batsford, 1981, 110 p.
Biblioteca di Monteriggioni, coll.: 794.12 CHA

67 Charness, N, *A multilevel model analysis of expertise in chess across the life apan,* in Psychology and aging, Washington, giugno 2007, pp. 291-299
BCM, coll.: N. Pol. Sezione Psicologia

68 Chernev Irving, *Logical chess move by move.* London, Faber, 1957, 250 p.
Università Siena, coll.: Biblioteca Scientifico Tecnologica I-5-174

69 Cheron André, *Gli scacchi per il principiante. Regole fondamentali e suggerimenti per una corretta impostazione del gioco.* Milano, Bietti, 1974, 248 p.
Biblioteca di Siena, coll.: 7 C 00408

70 Chevannes, Sabrina, *Scacchi per bambini,* Comaredo, IdeeAli, 2015, p. 128
Biblioteca di Chiusi, coll. RA 794.1 CHE

71 Chicco Adriano, *Attilio Falchetto.* Sta in: "L'Illustrazione Italiana", Milano, 1945, n. 10.
Biblioteca di Siena, coll.: PER 0209

72 Chicco Adriano, *Bibliografia italiana sul gioco degli scacchi.* Sta in: "L'Esopo", Milano, 1981, p. 27-32
Biblioteca Circolo Giuridico, coll.: Per. Cons. 122

73 Chicco Adriano, *Ex-libris scacchistici.* Sta in: "L'Esopo", Milano, 1983, p. 65-78
Biblioteca Circolo Giuridico, coll.: Per. Cons. 122

74 Chicco Adriano, *Figure del Risorgimento: tre patrioti, tre scacchisti.* Sta in: "Minerva", UTET, Torino, U.T.E.T., 15 maggio 1942, p.173-174.
Biblioteca di Siena, coll.: PER 0200

75 Chicco Adriano, *Gli scacchi e la musica.* Sta in: "Minerva", Torino, UTET, 1939, p. 30-32
Biblioteca di Siena, coll.: 0200

76 Chicco Adriano, *Gli scacchi in tribunale.* Sta in: "L'Illustrazione Italiana", Milano, 1947, n. 1
Biblioteca di Siena, coll.: PER 0209

77 Chicco Adriano, *Il Natale di Abu-Abdallah.* Sta in: "L'Illustrazione Italiana", Milano, 1945, n. 22-23
Biblioteca di Siena, coll.: PER 0209

78 Chicco Adriano, *Lineamenti di una bibliografia italiana degli scacchi.* [coautore: Sanvito Alessandro], Roma, A.M.I.S., 1987, 199 p.
Biblioteca di Monteriggioni, coll.: 016.794 CHI

79 Chicco Adriano, *Le edizioni del libro di Damiano.* Sta in: "L'Esopo", Milano, 1984, p. 46-58
Biblioteca Circolo Giuridico, coll.: Per. Cons. 122

80 Chicco Adriano, *Molièriana,* Sta in: "L'illustrazione Italiana", Milano, 1946, n. 31
Biblioteca di Siena, coll.: PER 0209

81 Chicco Adriano, *Note bibliografiche su gli studi di matematica applicata agli scacchi,* Sta in: "Atti convegno nazionale sui giochi creativi", Siena, Tipografia Senese, 1981, p. 155-159
Biblioteca di Siena, coll.: 6 B 01676. Biblioteca Scienze Siena, coll.: Dip. Matematica H 18 20. Biblioteca di Monteriggioni: 793.74 CON.

82 Chicco Adriano, *Storia degli scacchi in Italia. Dalle origini ai giorni nostri.* [coautore: Rosino Antonio]. Venezia, Marsilio, 1990, XIV, 639 p.
Biblioteca di Siena, coll.: 794.1 CHIA; Biblioteca di Montepulciano, coll.: 794 1 CHI ROS; Biblioteca di San Gimignano, coll.: 794 1.

83 Chicco Adriano, *Storiella d'altri tempi.* Sta in: "L'Illustrazione Italiana", Milano, 1946, n. 28
Biblioteca di Siena, coll.: PER 0209

84 Chicco Adriano, *Un fantomatico incunabolo sul gioco degli scacchi.* Sta in: "L'Esopo", Milano, 1979, p. 34-37
Biblioteca Circolo Giuridico, coll.: Per. Cons. 122

85 Chicco Adriano, *Una partita a scacchi fra due cardinali.* Sta in: "L'Esopo", Milano, 1982, p. 25-35
Biblioteca Circolo Giuridico, coll.: Per. Cons. 122

86 Ciancarini Paolo, *Gli scacchi e i matematici,* Bollettino Unione Matematica Italiana, 2° (2), pp. 203-236, 1999.
Biblioteca Scientifico Tecnologica San Niccolò, coll. Dip. Matematica

87 Cillo Angelo, *Gli scacchi per tutti. Con scacchiera tascabile completa,* [coautore: Luppi Sergio], Milano, Mursia, 1973, p. 158
Biblioteca San Quirico d'Orcia,, Coll.: 794.1 CIL

88 Colonna Francesco, *Hypnerotomachia Poliphili.* 2 vol., Padova, Antenore, 1980.
Biblioteca di Siena, coll.: 0178/0038 – 0178/0039

89 Colonna Francesco, *Hypnerotomachia Poliphili.* 2 vol., Milano, Adelpi, 1988.
Biblioteca di Siena, coll.: 02'8(0066 1-2. Biblioteca Lettere, coll.: 83. 5. 774 (1) – (2)

90 Colovini Leo, *Il grande libro degli scacchi***,** [coautore: De Toffoli, Dario], Milano : Sperling & Kupfer, 2009, p. 362
Biblioteca di Siena, coll.; 794.1 DETD

91 Crouch Colin, *Trends in the King's Indian Four Pawns Attack.* London, Trends Publications. 1992, 38 p.
Biblioteca di Monteriggioni, coll.: 794.12 CRO

92 Curzio Mario, *Scacchi, matematici e matematica.* Sta in: "Archimede", anno 78, fsc. I, p. 1-13, Firenze, Le Monnier, 1981.
Biblioteca di Siena, coll.: Per 5/0002. Biblioteca Scientifico Tecnologica San Niccolò, coll.: Dip. Matematica

93 D'Amore Bruno, *I giochi di strategia nella didattica (della matematica) dalla scuola materna all'università.*
Sta in: "Matematica e Scacchi" (v.), p. 33-40

94 Del Carmen Acosta, Maria, *Come imparare a giocare a scacchi.* Testo di Maria del Carmen Acosta, disegni di Francisco Asins, traduzione di Luisa Bin. Milano, Del Vecchio, 1980, 93 p.
Biblioteca di Monteriggioni, coll.: R 794.1 Del

De Toffoli Dario, *Il grande libro degli scacchi,* [couatore: Colovini, Leo]
(v. Colovini Leo)

95 Dewdney A.K., *Il Re (un programma per gli scacchi) è morto: viva il Re (una macchina per gli scacchi)!,* Sta in: "Le Scienze", n. 213, Milano, aprile 1986, p. 104-108
Biblioteca Scientifico Tecnologica San Niccolò, coll.: Dip. Matematica. Biblioteca di Siena, PER 082, PER 5/0015. Biblioteca centrale di Medicina, coll.: N.Ist.biol. B15/ Sezione Biochimica

96 Di Bernardo Giuliano, *The formal model M of the game of chess as a type of social context.* Sta in: Normative structure of the social world pp. 73-77.
Biblioteca Circolo Giuridico, coll.: A 7 3058

97 *Difesa Caro Kann,* Santa Maria Capua Vetere, ed. Scacco!, 1979, 149 p.
Biblioteca di Monteriggioni, coll.: 794.12 DIF

Dodgson Charles Lutwidge
(v. Carroll Lewis)

98 Dupuy Mazuel, *Il giocatore di scacchi,* Milano, Sonzogno 1928, p. 314
Biblioteca Poggibonsi, coll. : FA 8 B 1092

Romanzo. Prima traduzione dal francese di Mario Buggelli

99   Elia Olga, *Un gioco di scacchi di età romana.* Sta in: "Bullettino del museo dell'impero romano", anno X, (1939, XVII, XVIII), Commissione archeologica del governatorato di Roma, 1941, XIX, p. 57-63.
Biblioteca di Siena, coll.: PER 0080.

Prima segnalazione dei cosiddetti "Scacchi di Venafro" la cui datazione avrebbe costituito un problema controverso per oltre mezzo secolo. (v. *Scacchi di Venafro. Datazione radiocarbonica con il metodo della spettometria di massa con acceleratore.)*

Memoria in cui Eulero dà la soluzione del problema del giro di cavallo.

100   Eulero Leonhardo, *Solution d'une question curiose qui ne paroit sunise a aucune analyse.* Sta in: "Opera omnia", serie prima, opera matematica, vol. VII "Commentationes Algebraicae ad Theoriam Combinatorium et Probabilitatum Pertinentes". Lipsiae e Berolini, Typis et Aedibus, 1923, 26-56 p.
Biblioteca Scientifico Tecnologica San Niccolò, coll.: Dip. Matematica X Eul 5.7

101 Euwe, Max, *Aperturas semi-abiertas. Defensa Alekhine, Escandinava, Nimzowitsch, Yugoslava (Pirc).* Barcelona, Ediciones Limitadas Catalan, 1974, 100 p.
Biblioteca di Monteroni d'Arbia, coll.: 794.12 Euw

102 Euwe Max, *La defensa Caro Kann.* Ediciones Limitadas Catalán, Barcelona, 1974, 61 p.
Biblioteca di Monteriggioni, coll.: 794.12 EUW

103 Euwe Max, *Trattato di scacchi. Gioco di posizione e gioco di combinazione: valutazione della posizione e piano di gioco.* Milano, Mursia, 1976, 318 p.
Biblioteca di Siena, coll.: 794.1 EUWM

104 Fabbri Stefania, *Gli scacchi come strumento per la didattica della matematica.*
Sta in: "Matematica e Scacchi" (v.), p. 41-57

Fabbri Stafano, *Didattica scacchistica.* [coautore: Passerotti Pierluigi e altri]
(v. Passerotti Pierluigi)

105 Fabbri Stefano, *Giochiamo con gli scacchi.* [coautore: Passerotti Pierluigi]. Roma, associazione culturale Torre & Cavallo, 1992, 63 p.
Biblioteca di Montepulciano, coll.: 794 1 FAB PAS GIO

106 *Fascino degli scacchi.* Sta in: Rassegna medica e culturale, anno 40°, n. 11-12, Milano Lepetit, 1963, p. 45-53.
Biblioteca Centrale di Medicina, coll.: N.Pol. R13

107 Faulkner William, *Scacco di cavallo.* Sta in: "La famiglia Stevens; Santuario; Requiem per una monaca; Scacco di cavallo". Traduzioni di Giorgio Monicelli, Fernanda Pivano, Elena Vivante. Milano, Mondadori, 1963.

Biblioteca di Sinalunga, coll.: 813.52 FAU

Traduzione di Fernanda Pivano. In seguito pubblicato con il titolo: *Gambetto di cavallo*.

108 Fenton Robert S., *Chess for Beginners*, London, Granada Publishing, 1982, 84 p.
Biblioteca di Monteroni d'Arbia, coll.: 794.12 Fen

109 Festini Cucco Wally, *Psicologia degli scacchi. Simboli e affetti.* Milano, Franco Angeli, 1989, 161 p.
Biblioteca di Siena, coll.: 794.1 FESCW

110 Fine Reuben, *La psicologia del giocatore di scacchi.* Milano, Adelphi, 1982, 184 p. 2ª ed.
Biblioteca di Siena, coll. 794 FINR. Biblioteca di Chianciano

111 Firdusi [Firdaus, Abud-Qasim], *Il libro dei re,* Torino UTET, 1969, 623 p.
Biblioteca di Siena, coll.: Coll. 0004/ 0292

112 Fogazzaro Antonio, *Malombra.* Firenze, Salani, 1925, 506 p.
Biblioteca di Siena, coll.: Bib. Pop. 04798

Capitolo VI: *Una partita a scacchi.*

113 Fogazzaro Antonio, *Malombra.* Roma, Newton Compton, 1973, 408 p.
Biblioteca di Siena, coll.: 8 C 02293, coll.: Milano 0137

114 Fogazzaro Antonio, *Malombra.* Milano, Garzanti, 1979, XVIII+419 p.
Biblioteca Univ. Stranieri, coll.: 81. 5. 4

115 Fogazzaro Antonio, *Malombra.* Milano, Rizzoli, 1982, 444 p.
Biblioteca di lettere, coll.: 83. 7. 571

116 Fogazzaro Antonio, *Malombra.* Con una cronologia della vita dell'autore e del suo tempo, una introduzione, un' antologia critica e una bibliografia a cura di Anna Maria Moroni. Milano, Mondadori, 1984, 435 p.
Biblioteca di Siena, coll.: 6 C 04965

117 Fogazzaro Antonio, *Malombra.* Milano, Garzanti, 1986, XVIII+419 p.
Biblioteca di Lettere, coll.: 83. C. 1 Fog 1

118 Fogazzaro Antonio, *Malombra.* Milano, Garzanti, 1988, XVIII+419 p.
Biblioteca Univ. Stranieri, coll.: 800. C. 5 Fog 2

Altre copie dell'opera di Fogazzaro si trovano in quasi tutte le biblioteche pubbliche della provincia di Siena. L'edizione più vecchia (1893) è in possesso della biblioteca di San Quirico d'Orcia, coll.: E II 43

119 Fogolari Gino, *Scritti d'arte di Gino Fogolari con cento tavole.* Milano, Hoepli, 1946, XXXVI + 311 + 100 tavole.
Biblioteca Lettere Siena, coll.: 7. 8. 105

P. 10-25, tav. IV e V, fig. 4, 5, 6: Le figure degli scacchi in un trattato del Trecento (dal volume per nozze di Hermanin-Hausmann, Perugia 1903). Il trattato è il "De Regimine Rectoris" di Paolino Minorita.

120 Fontani Barbara, *Valutazione bayesiana dell'abilità dei giocatori di scacchi.* Tesi di laurea.

Biblioteca Scientifico Tecnologica San Niccolò, coll.: Dip. Matematica TESI - 394

Fox Gariani Fabio, *Re di scacchi. The King in Chess* (v. Leoncini Mario)

121 Fox Mike, *Scaccomania* [coautore: James Richard]. Milano, SugarCo, 1988, 150 p.
Biblioteca di Siena, coll.: 794.1 FOXM

122 Ganapini Vittorio, *Re in fuga. La leggenda di Bobby Fischer,* Milano, Mondadori, 2008, p.279.
Biblioteca di Siena, coll.: 794 1 FISB

123 Gagliardo Francesca, *La partita a scacchi in Murphy di S. Beckett. Follia matematica o indagine psicologica?* Sta in: Il confronto letterario. Fasano di Puglia, vol. 8, 1991, pp. 183-188.
Biblioteca di Lettere e Filosofia, coll.: 058 C 4

124 Gardner Martin, *Enigmi e giochi matematici.* 5 voll., Firenze, Sansoni, 1972, 1973, 1973, 1975, 1976.
Biblioteca Scientifico Tecnologica San Niccolò, coll.: Dip. Matenatica H-14-71, 73, 75, 77, 79

Vari articoli sugli scacchi: Il giro della Regina; Il problema di scacchi di Lord Dunsany; La partita a scacchi di Ray e Smull; La scacchiera mutilata; Massimizzazione delle mosse di scacchi; Non dare matto in una mossa; Sam Loyd: il più grande enigmista d'America; Scatole di fiammiferi e macchine che imparano a giocare..

125 Garzon José, *En pos del incunable perdido: Francesch Vicent: Libre dels jochs partitis dels schachs,* Valencia, 1495. Valencia, Biblioteca valenciana, 2001, 192 p.
Biblioteca di Siena, coll.: 0 B 03390

126 Ghersi Italo, *Matematica dilettevole e curiosa. Problemi bizzarri, paradossi algebrici e meccanici, moto perpetuo.* Milano, Hoepli, 1972, 776 p.
Biblioteca Scientifico Tecnologica San Niccolò, coll.: Dip. Matematica H-14-20, H-14-21.

Con un'appendice di R. Leonardi. P. 67-85: Problemi diversi sulla scacchiera; p. 272-292: Quadrati magici del tipo salto di cavallo.

127 Ghersi Italo, *Matematica dilettevole e curiosa. Problemi bizzarri, paradossi algebrici e meccanici, moto perpetuo.* Milano, Hoepli, 1988, 776 p.
Biblioteca Scientifico Tecnologica San Niccolò, coll.: Dip. Fisica 1996.17

128 Giacosa Giuseppe, *Una partita a scacchi. Il trionfo d'amore,* Milano, Treves, 1908
Biblioteca Poggibonsi, coll.: FA 792 45

129 Giacosa Giuseppe, *Una partita a scacchi. Il trionfo d'amore,* Milano, Treves, 1911
Biblioteca di Cetona, coll.: 852 8 GIA

130 Giacosa Giuseppe, *Una partita a scacchi,* Sesto San Giovanni, Madella, 1912, p. 124
Biblioteca San Gimignano, coll.: FGG 190

131 Giacosa Giuseppe, *Una partita a scacchi. Il trionfo d'amore,* Milano, Treves, 1918
Biblioteca San Quirico d'Orcia, coll.: H V 12

132 Giacosa Giuseppe, *Una partita a scacchi. Sesto S. Giovanni,* Madella, 1912, 124 p.
Biblioteca di Siena, coll.: Bib. Pop. 04574

133 Giacosa Giuseppe, *Teatro I. Una partita a scacchi. Tristi amori. Come le foglie.* Presentazione di Giorgio De Rienzo. Milano, Mursia, 1969, 184 p.
Biblioteca di Siena, coll.: 8 C 01294

134 Giudici Enzo, *Il gioco degli scacchi nella letteratura italiana: simbologia e retorica.* Sta in: "Il minore nella storiografia letteraria. Convegno internazionale, Roma, 10-12 marzo 1983, a cura di Enzo Esposito. Ravenna, Longo, 1984, pp. 397-425
Biblioteca Lettere Siena, coll.: 8. 2. 220

135 Giudici Enzo, *Remo Calapso.* [coautore: Nestler Vincenzo]. Santa Maria Capua Vetere, Scacco!, 1976, 81 + 3 p.
Biblioteca di Colle Val d'Elsa, coll.: 794.1 GIU

Serie "I maestri italiani 1"

136 Giustozzi Corrado, *20° ACM NACCC,* Sta in: "Mc Microcomputer", Roma, Technimedia, 99, settembre 1990, p. 174-177
Biblioteca Scientifico Tecnologica San Niccolò, coll.: Dip. Matematica

137 Giustozzi Corrado, *L'uomo e la macchina,* Sta in: "Mc Microcomputer", Roma, Technimedia, 142, luglio-agosto 1994, p. 138-140
Biblioteca Scientifico Tecnologica San Niccolò, coll.: Dip. Matematica

Giustozzi Corrado, *Regine e amazzoni: il grande ritorno.* [coautore: Balena Francesco].
(v. Balena Francesco)

138 Giustozzi Corrado, *Scacchi e computer: è lontano il titolo mondiale?,* Sta in: "Mc Microcomputer", Roma, Technimedia, 143, settembre 1994, p. 256-259
Biblioteca Scientifico Tecnologica San Niccolò, coll.: Dip. Matematica

Nell'articolo l'autore sottopone a una specie "test di Turing scacchistico" tre maestri italiani: Mario Leoncini, Alessandro Steinfl e Carlo D'Amore.

139 Golombek Harry, *The game of chess.* London, Penguin Book, 1963, 266 p.
Biblioteca di Castellina in Chianti, coll.: 794.1 GOL

140 Good, I.J., *A five-year plan for Automatic Chess,* Sta in: "Machine Intelligence 1-2, Edimburg, 1967, p. 89-118.
Biblioteca Scientifico Tecnologica San Niccolò, coll.: Dip. Matematica: F-6-1/1-2

141 Good, I.J., *Analysis of the Machine Chess Game J. Scott (White), ICL 1900 versus R.D. Greenblatt, PDP 10.* Sta in: "Machine Intelligence 4, Edimburg, 1969, , p. 267-269.
Biblioteca Scientifico Tecnologica San Niccolò, coll.: Dip. Matematica: F-6-010

142 *Grande libro degli scacchi (Il),* Novara, Il Mosaico, 1996, pp. 159.
Biblioteca di Poggibonsi, coll.: TEMPO LIBERO SCACCHI GRA

143 Grigorjev Nikolaj Dmitrievic, *Finali di scacchi,* Milano, Mursia, 1965, 323 p.
Biblioteca di Siena, coll.: 7 C 00899

Hafler David, *L'immortale gioco dei Re.* [coautrice: Cecchi Doretta].
(v. Cecchi Doretta)

144 Hartigna John A, *Tracking chess players' abilities year,* sta in: A practice of data analysis. Essays in honor of John W. Tukey. A cura di D.R. Brillinger, L.T. Fernholz, S. Morgenthaler 1997, pp. 155-174
Biblioteca Economia, coll.: D.E.P. – 8144

145 Henrichs Bertina, *La giocatrice di scacchi,* Torino, Einauidi, 2006, p. 119
Biblioteca Poggibonsi. Coll.: HENB GIO

146 Hoffman, Paul, *La macchina che voleva essere Re.* Sta in: "La vendetta di Archimede", Milano, Gruppo editoriale Fabbri-Bompiani-Sonzogno-ETAS, 1990, p. 162-185.
Biblioteca Scientifico Tecnologica San Niccolò, coll.: Dip. Matematica: H-17-83

147 Hofstadter, Douglas R., *Gödel Escher Bach: un'eterna ghirlanda brillante: una fuga metaforica su menti e macchine nello spirito di Lewis Carroll,* Milano, Adelphi, 1984, XXVI, 852 p.
Biblioteca di Chianciano

Scacchi: p. 26 sgg; 163 sgg; 309 sgg; 651 sgg; 791 sgg.

148 Hodgson Julian, *Trends in the Blackmar-Diemar Gambit.* London, Trends Publications, 1995, 34 p.
Biblioteca di Monteriggioni, coll.: 794.12 HOD

149 Hodgson Julian, *Trends in the Torre and Trompovsky, Volume 2.* London, Trends Publications, 1995, 38 p.
Biblioteca di Monteriggioni, coll.: 794.12 HOD1

150 Horacek, H., *Reasoning with Uncertainity in Compuyer Chess.* Sta in: "Artificial Intelligence", 43, 1990, p. 37-56.

151 Hsu Feng-hsiung [e altri], *Il calcolatore Grande Maestro di scacchi.* Milano, Le Scienze, dicembre 1990, n. 268, pp. 12-19.
Biblioteca di Siena, PER 082, PER 5/0015. Biblioteca centrale di Medicina, coll.: N.Ist.biol. B15/ Sezione Biochimica. Biblioteca di Montepulciano

152 Hwang F.K., *Latin squares and superqueens.* [coautore: Ko-Wei Lih]. Journal of Combinatorial Theory, Series A, 34, 1983, p. 100-114
Biblioteca Scientifico Tecnologica San Niccolò, coll.: Dip. Matematica

153 Iudicello Marco, *Tecniche moderne per giocare e vincere a scacchi.* Milano, De Vecchi,1986, 140 p.
Biblioteca di castelnuovo Berardenga, coll.: 794 1 Iud

154 *Ivanchuk. 222 partidas.* Madrid, Ediciones Eseuve, 1979, 123 p.
Biblioteca di Montepulciano, coll.: PROVV

James Richard, *Scaccomania* [coautore: Fox Mike]
(v. Fox Mike)

155 Jones Ernest, *Il poblema di Paul Morphy,* Sta in: "Saggio di psicanalisi applicata", Firenze, Guaraldi, 1972. Introduzione di Fabio Zambonelli, traduzione di Nargherita Novelletto Cerletti.
Biblioteca Umanistica, coll.: 14 2 176

156 Karpov Anatolij, *Il manuale degli scacchi.* Traduzione di Ferruccio Giromini. Milano, Walt Disney company Italia libri, 1997, 120 p.

Biblioteca di Monteriggioni, coll.: R 794.12 KAR

157 Keene Raymond D., *The Chess combination from Philidor to Karpov,* Oxford, New York, Pergamon Press, 1977, 162 p.
Biblioteca di Monteriggioni, 794.1 KEE

158 Kenny Charles, *The manual of chess: Ccontaining the elementary principles of the game: illustrated with numerous diagrams, recent games and original problems.* London, D. Bogue, 1852, XVI,120 p.
Biblioteca di Siena, coll.: Patrignani 2044

Ko-Wei Lih, *Latin squares and superqueens.* [coautore: Hwang F.K.,].
(v, Hwang F.K.,)

159 Kotov Alexander, *Alekhine. Una vita per gli scacchi.*
Roma, Prisma, 1993, 231 p.
Biblioteca di Poggibonsi, coll.: TEMPO LIBERO SCACCHI ALEKHINE KOTA ALE

160 Leonard Robert, *Von Beumann, Morgenstern, and the creation of game theory. From Chess to social science, 1900-1960.* Cambrisge, Cambridge University Press, 2010, p. 390
Biblioteca Economica, coll.: BEC 19329

161 Leoncini Mario, *A ladro! Storie dal mondo degli scacchi,* Roma, Caissa Italia, 2005, p. 92
Biblioteca di Siena, coll.: 791.1 LEOM

162 Leoncini Mario, *All'ombra della torre scacco al re: settecento anni di scacchi a Siena.* Siena, Tipografia senese, 1994, 112 p.
Biblioteca di Siena, coll.: SV B 0430

163 **Leoncini Mario,** *Aneddoti di scacchi.* Brescia, Messaggerie Scacchistich, 2993, 96 p.
Biblioteca di Monteriggioni, coll.: 794-1 Leo

164 **Leoncini Mario,** *Antiche testimonianza degli scacchi in Toscana* (sec. XI-XIV), Milano, Federazione Scacchistica Italiana, 2010, p. 46
Biblioteca di Siena, coll.: SV B 2055

165 **Leoncini Mario,** *Arcaiche figure a Vico Pancellorum,* Napoli, Autorinediti, 2011, p. 55
Biblioteca di Siena, coll.: 726 LEOM

166 **Leoncini Mario,** *Chi ha ucciso il campione del mondo? Scacchi e crimine,* [coautore Lotti Fabio] Roma, Prisma, 2004, p. 191
Biblioteca di Siena, coll.: LEOM CHI

167 **Leoncini Mario,** *Divagazioni e generalizzazioni di una teoria scacchistica.* [coautore: Magari Roberto] Sta: in *Archimede,* anno XXXBIII, fasc. 1, Firenze, Le Monnier, 1985, p. 12-23
Biblioteca Scientifico Tecnologica San Niccolò, coll.: Dip. Matematica

168 **Leoncini Mario,** *Elementi di strategia negli scacchi.* Firenze, Phasar, 2004, 186 p.
Biblioteca di Monteriggioni, coll.: 794-12 Leo

169 **Leoncini Mario,** *Giallo Scacchi. Racconti di sangue e di mistero,* /a cura di) [coautore Lotti Fabio], Postfazione di Sabina Marchesi e Massimo Petroselli. Verona, Ediscere, 2008, pp.
Biblioteca di Siena, coll.: GIALLA SIAL SCA

28 racconti polizieschi aventi gli scacchi come tema

170 Leoncini Mario, *Gli scacchi a Siena nella seconda metà del secolo scorso.* Siena, Tipografia senese, 1980, 30 p.
Biblioteca di Siena, coll.: Misc. Sen. B 039/ 042, coll.: Patrignani 5816

171 Leoncini Mario, *Gli scacchi di Fra' Luca Pacioli,* Sapere, giugno 2007, p. 66-73
Biblioteca Scientifico Tecnologica San Niccolò. Coll.: PER 243
Biblioteca di Siena, coll.: PER. 5/ 0013

172 Leoncini Mario, *Gli scacchi nelle biblioteche pubbliche di Siena e provincia.* Quinto Vicentino, Selecta, 2005, 67 p.
Biblioteca di Siena, coll.: SV B 1364; Biblioteca di Colle Val d'Elsa, coll.: T O16.7 LEO; Biblioteca di Monteriggioni, coll.: 016.794 LEO

173 Leoncini Mario, *I ribelli di Umaearth,* Chieti, Solfanelli, 1991, 155 p.
Biblioteca di Siena, coll.: 8 B 07612

Un romanzo dove il sistema di punteggio degli scacchi (Elo) è applicato all'intera società. 2° classificato al Premio Italia del fantastico e della fantascienza (Courmayeur 1992)

174 Leoncini Mario, *La diabolica setta di Caissa. Scacchi e sesso,* [coautore Lotti Fabio], In appendice: Una lettera di Roberto Salvadori; pp. 181-183; Una lettera di Carla Fineschi pp. 183-184. Roma, prisma, 2006, p. 198.
Biblioteca di Siena, coll.: GIALLA LEOM DIA

175 Leoncini Mario, *La liceità degli scacchi nei secoli.* Sta in: "Atti convegno nazionale sui giochi creativi", Siena, Tipografia Senese, 1981, p. 147-154
Biblioteca di Siena, coll.: 6 B 01676. Biblioteca Scienze Siena, coll.: Dip. Matematica H 18 20. Biblioteca di Monteriggioni: 793.74 CON.

L'articolo, corretto e aggiornato, fu ripubblicato ventitré anni dopo in *Partita a scacchi con il morto* di Lotti (v.) e Leoncini

176 Leoncini Mario, *La scacchiera dei mondi,* Roma, Mc Microcomputer 131, Technimedia, 1993,
Biblioteca Scientifico Tecnologica San Niccolò, coll.: Dip. Matematica.

Leoncini Mario, *L'Italia a scacchi. Guida turistica ai luoghi degli scacchi.*
(v. Cassano Roberto)

177 Leoncini Mario, *Manuale di scacchi eterodossi.* [co-autore: Magari Roberto]. Siena, Tipografia senese, 1980, 163 p.
Biblioteca di Siena, coll.: 7 B 02280. Biblioteca di Monteriggioni, coll.: 794.1 LEO1

178 Leoncini Mario, *Natura simbolica del gioco degli scacchi,* Arbore, Grafimage, 2010, p. 64
Biblioteca di Siena, coll.: 794.1 LEOM

179 Leoncini Mario, *Ottocento anni di scacchi a Siena,* Milano Ilmiolibro, 2012
Biblioteca di Siena, coll.:.: SV B 205

Introduzione di Alessandro Patelli.

Leoncini Mario, *Partita a scacchi con il morto.* [coautore:
Lotti Fabio]
(V. Lotti Fabio)

180 Leoncini Mario, *Re di scacchi. The King in Chess,*
[coautori: Fox Gariani Fabio, Vega Diego]. Milano, FMR,
2005, pp. 32
Biblioteca di Siena

181 Leoncini Mario, *Sacrifici tattico strategici nella Siciliana. Sveshnikov, Richter Rauzer, Dragone e Najdorf nel
mirino del giocatore d'attacco.* [coautore: Lotti Fabio]. Roma,
Prisma, 2004. 167 p.
Biblioteca di Siena, coll.: 794.1 LEOM

182 Leoncini Mario, *Scaccopoli. Le mani della politica
sugli scacchi,* Firenze, Pahar, 2008, p. 202
Biblioteca di Siena, coll.: 794.1 LEOM

183 Leopardi Giacomo, *Autobiografie imperfette e diario
d'amore.* Firenze, Cesati, 2004, 132 p.
Biblioteca Univ. Stranieri

Nel "Diario d'amore" Leopardi racconta l'episodio in cui cercò di
farsi bello agli occhi d'una signora impegnandosi a sconfiggere a
scacchi un avversario e di come, poi, insegnò a lei a giocare.

184 Levy David, Computer Chess. *A Case Study on the
CDC 6600,* Sta in: "Machine Intelligence" 6, Edimburg, 1971,
p. 151-163.
Biblioteca Scientifico Tecnologico San Niccolò, coll.: Dip. Matematica F-6-010

Lichtenstein David, *Computing a perfect strategy for nxn Chess requires time exponential in n.* [coautore: Aviezri S. Fraenkel].
(**v.** Aviezri S. Fraenkel)

185 Lohr Robert, *Scacco alla regina. Il nano, l'inventore, la macchina che giocava a scacchi,* Milano, Bompiani, 2006 p. 450. Traduzione di Taddeo Roccasalda.
Biblioteca Monteroni, coll.: 833 6 LOR

186 Longrigg David, *Scacchi.* Milano, Garzanti, 1995, 254 p.
Biblioteca Monteroni, coll.: 794.12 Lon

Lotti Fabio, *Chi ha ucciso il campione del mondo? Scacchi e crimine.*
(v. Leoncini Mario)

Lotti Fabio, *Giallo Scacchi. Racconti di sangue e di mistero*
(v. Leoncini Mario)

187 Lotti Fabio, *Guida pratica alle aperture.* Milano, Mursia, 1996, 254 p.
Biblioteca di Monteriggioni, coll.: 794.122 LOT

Lotti Fabio, *La diabolica setta di Caissa. Scacchi e sesso.*
(v. Leoncini Mario)

188 Lotti Fabio, *Partita a scacchi con il morto* [coautore: Leoncini Mario]. Roma, Prisma, 2004, 124 p.
Biblioteca di Monteriggioni, coll.: 794.1 LOT

Lotti Fabio, *Sacrifici tattico strategici nella Siciliana. Svishnokov, Richter Rauzer, Dragone e Najdorf nel mirino del giocatore d'attacco.* [coautore: Leoncini Mario]

(v. Leoncini Mario)

189 Lotti Fabio, *Varianti per vincere,* Milano, Mursia, 1991, 223 p.
Biblioteca di Monteriggioni, coll.: 794.12 LOT

190 Lucchetti Roberto, *Di duelli, scacchi e dilemmi. La teoria matematica dei giochi.* Milano, Mondadori, 2001.
Biblioteca di Siena, coll.: 5 B 01756

Luppi Sergio, *Gli scacchi per tutti.*
(v. Cillo Angelo)

191 Luppi Sergio, *Il torneo internazionale di Milano 1975.* Milano, Mursia, 1975, XII, 115 p.
Biblioteca di Siena, coll.: 7 B 01820

192 Maccagni Sandro, *Il grande libro degli scacchi e della dama.* [coautore: Paoli Alberto]. Milano, Mursia, 1994, 223 p.
Biblioteca di Poggibonsi, coll.: TEMPO LIBERO SCACCHI GRA

193 Magari Roberto, *Attacco o difesa?* Sta in: "Sapere", anno 54°, luglio 1988, p. 61.
Biblioteca Scientifico Tecnologica San Niccolò. Dip. Matematica.

194 Magari Roberto, *Colori sulla scacchiera .* Sta in: "Sapere", anno 50°, giugno 1984, p. 38-40.
Biblioteca Scientifico Tecnologica San Niccolò. Dip. Matematica.

Magari Roberto, *Divagazioni e generalizzazioni di una teoria scacchistica.* [coautore: Leoncini Mario].
(v. Leoncini Mario)

195 Magari Roberto, *Il cavallo spaziale e altri cavalli.* Sta in: "Sapere", anno 56°

196 Magari Roberto, *Infiniti giuochi nuovi.* Sta in: "Sapere", anno 51°, n. 6, novembre 1984, p. 56-57.

197 Magari Roberto, *Informazioni parziali.* Sta in: "Sapere", n. 4/5, anno 51°, giugno 1985, p. 52-53.

Magari Roberto, *Manuale di scacchi eterodossi* [coautore: Leoncini Mario]
(V. Leoncini Mario)

198 Magari Roberto, *Pezzi in bianco e nero.* Sta in: "Sapere", anno 50°, novembre 1984, p. 56-57.

199 Magari Roberto, *Progressioni.* Sta in: "Sapere, anno 56°, novembre 1990.

Magari Roberto, *Scacchi e probabilità.*
Sta in: "Matematica e Scacchi" (v.), p. 59-66

200 Marini Fabrizio, *Ingmar Bergman. Il settimo sigillo.* Torino, Lindau, 2002, 144 p.

201 Marino Giovanbattista, *L'Adone.* Con gli argomenti del conte Fortuniano Sanvitale e l'allegorie di Vincenzo Scoto. Firenze, Salani, 1901, 519 p.

202 Marino Giovanbattista, *L'Adone.* A cura di Marzio Pieri, Bari, Laterza, 1975-77, 2 voll.
Biblioteca di Siena, coll.: 0001/0259. Biblioteca Lettere, coll.: 83. C. 3 MAR, coll.: 83. 6. 504.

203 Marino Giovanbattista, *L'Adone.* A cura di Giuseppe Luigi Ferrero, Torino, Einauidi, 1976, XVI+336 p.
Biblioteca di Siena, coll.: Milano 1016, coll.: 0209/0003. Biblioteca Torrita, coll.: 851. 5 MAR. Biblioteca Torrita, coll.: 851. 5 MAR

204 Marino Giovanbattista, *L'adone.* A cura di Giovanni Pozzi; con dieci disegni di Nicolas Poussin, 2 vol., Milano, Adelphi, 1988
Biblioteca di Siena, coll.: 0208/ 0052-1 e 2. Biblioteca Lettere, coll.: 83. 6. 259, Biblioteca Cetona, coll.: 851. 5 MAR.

205 Marino Giovanbattista, *L'Adone.* A cura di Marzio Pieri, Trento, La Finestra, 2004, 3 vol.
Biblioteca Univ. Stranieri, coll.: 81. 3. 175

206 Mariotti Sergio, Manuale degli scacchi. Dalle basi all'agonismo, Roma, new Compton, 1981, p. 217
Biblioteca Colle Val d'Elsa, coll.: 794.1 MAR; Biblioteca Monteriggioni, coll.: 794 MAR

207 Martin Andrew, *Trends in the Smith-Morra Gambit.* London, Trends Publications, 1992, 34 p.
Biblioteca di Monteriggioni, coll.: 794.12 MAR

208 *Matematica e scacchi. L'uso del gioco e degli scacchi nella didattica della matematica.* Atti del convegno. Forlì, 18 settembre 1992. Forlì 1992, 66 p.
Biblioteca Scientifico Tecnologica San Niccolò, coll.: Dip. Matematica H-14-41

Contiene cinque relazioni. Edmar Mednis, *Q+RP Vs. Q Endgames: Accepted theory and latest developments*; Ettore Santi, *Il gioco degli scacchi nella formazione scolastica*; Bruno D'Amore, *I giochi di strategia nella didattica dalla scuola materna all'Università*; Luca Barzanti e Stefania Fabbri, *Gli scacchi come strumento per la didattica della matematica;* Roberto Magari, *Scacchi e probabilità*

209 Maurensig Paolo, *L'arcangelo degli scacchi. Vita segreta di Paul Morphy,* Milano, Mondadori, 2013, p. 200
Biblioteca Chianchiano, coll.: N MAU; Biblioteca Poggibonsi, coll.: MAUP ARC

210 Maurensig, Paolo, *L'ultima traversa*, Roma, Barney, 2015, p. 75
Biblioteca di Siena, coll.: MAUP ULT

211 Maurensig Paolo, *La variante di Lüneburg,* Milano, Adelphi, 1993, 158 p., 5ª ed.
Biblioteca di Siena, coll.: 8 B 08139

212 Mc Donald Neil, *Conoscere l'inglese,* Roma, Caissa Italia, 2003, 151 p.
Biblioteca di Siena, coll.: 794.1 MCDN

213 McLeod W.T., *Il manuale degli scacchi.* [coautore Mongredien R.], Firenze, Giunti juniore, 2012, p. 121
Biblioteca Chiusi, coll.: RA 794 1 MCL; Biblioteca Monticiano, coll.: LI 3 356; Biblioteca San Quirico d'Orcia, coll.: MA 794 1 MCL

214 McLeod W.T., *Il primo libro degli scacchi.* [coautore Mongredien R.], 1998
Biblioteca di Abbadia San Salvatore

215 Mearini, Maria Teresa, *Il gioco degli scacchi* [coautore: Messa, Roberto], Brescia, Messaggerie Scacchistiche, 2015, p. 111
Biblioteca di Sinalunga, coll.: R 794.1 MES

Mednis Edmar, *Q+RP vs. Q Endgames: Accepted Theory and Latest Developments.*
Sta in: "Matematica e Scacchi" (v.), p. 1-16

216 Mehl Jaean-Michel, *I giochi nel medioevo: scacchi, dadi, carte e palloni.* Firenze, Giusti, 1994, pp.71-97
Biblioteca di Montepulciano

Messa, Roberto, *Il giooo degli scacchi* [coautrice: Mearini, Maria Teresa]
[v. Mearini, Maria Teresa]

217 Middleton Thomas, *A chaste maid in Cheapside ; Women beware women ; The changeling ; A game at chess,* Introduzione e note di Richard Duton, Oxford, Oxford University Press, 1999, p. 477
Biblioteca Lettere e Filosofia, coll.; 86. C. 5 MID (2)

Mongredien R,, *Il manuale degli scacchi.*
(v. McLeod W.T.)

Mongredien R,, *Il primo libro degli scacchi.*
(v. McLeod W.T.)

218 Moor James H., *Assessing artificial intelligence: chess and the Turing test.* Sta in: Digital Poenix, pp. 213-230
Biblioteca Circolo Giuridico, coll.: A 7 4500

Morrison Stanley, *Giochiamo a scacchi. Manuale semplice per i principianti dagli 8 agli 80 anni.* [coautore: Bott Raymond]
(v. Bott Raymond)

219 Montale Eugenio, *Nuove stanze,* Sta in: "Le occasioni", Torino, Einaudi, 1945.
Biblioteca di Siena, coll.: Patrignani 5521

Nuove stanze [1939]. Poi che gli ultimi fili di tabacco/ al tuo gesto si spengono nel piatto/ di cristallo, al soffitto lenta sale/ la spirale del fumo/ che gli alfieri e i cavalli degli scacchi/ guardano stupefatti; e nuovi anelli/ la seguono, più mobili di quelli/ delle tue dita.// La morgana in cielo liberava/ torri e ponti è sparita/ al primo soffio; s'apre la finestra/ non vista e il fumo s'agita. Là in fondo,/ altro stormo si muove: una/ tregenda/ d'uomini che non sa questo/ tuo incenso,/ nella scacchiera di cui/ puoi tu sola/ comporre il senso.// Il mio dubbio d'un tempo era se forse/ tu stessa ignori il giuoco che si svolge/ sul quadrato e ora è nembo alle tue porte:/ follia di morte non si placa a poco/ prezzo, se poco è il lampo del tuo sguardo/ ma domanda altri fuochi, oltre le fitte/ cortine che per te fomenta il dio/ del caso, quando assiste.// Oggi so che vuoi; batte il suo fioco/ tocco la Martinella ed impaura/ le sagome d'avorio in una luce/ spettrale di nevaio. Ma resiste/ e vince il premio della solitaria/ veglia chi può con te allo specchio ustorio/ che accieca le pedine oppure i tuoi occhi d'acciaio.

220 Montale Eugenio, *Nuove stanze,* Sta in: "Le occasioni. 1928-1939", Milano, Mondadori, 1971.
Biblioteca Lettere Siena, coll.: 83. 8. 1240

221 Montale Eugenio, *Nuove stanze,* Sta in: "Le occasioni. 1928-1939", Milano, Mondadori, 1975.
Biblioteca Lettere Siena, coll.: 83. 6. 283

222 Montale Eugenio, *Nuove stanze,* Sta in: "Le occasioni. 1928-1939", Milano, Mondadori, 1976.
Biblioteca di Siena, coll.: 8 B 05789

223 Montale Eugenio, *Nuove stanze,* Sta in: "Le occasioni", Torino, Einaudi, 1945.
Biblioteca di Siena, coll.: 0262/0014. Biblioteca Lettere, coll.: 83. 8. 2262. Biblioteca Univ. Stranieri, coll.: 81. 6. 2120

224 Musatti Cesare, *Scacchi e parricidio.* Sta in: "Il pronipote di Giulio Cesare", Milano, Mondadori, 1990, p. 88-96.
Biblioteca di Medicina, coll.: OPSN 2938

225 Nabokov Vladimir, *La difesa di Luzin.* Traduzione di Gianroberto Scarcia e Ugo Tessitore. Milano, Adelphi, 2001, ~~231~~ p.
Biblioteca di Siena, coll.: Coll. 0247/ 0403

226 Nabokov Vladimir, *Speak, memory, An autobiography revisited.* Harmondsworth, Penguin books, 1969, pp. 242
Biblioteca lettere Siena, coll.: 86. 3. 843

Nel cap. XVI l'a. ricorda la sua passione per il problema scacchistico, descrive le varie scuole compositive e il suo orientamento rispetto ad esse.

Nestler Vincenzo *Remo Calapso.* [coautore: Giudici Enzo].
(v. Giudici Enzo)

227 Neville Katherine, *Il segreto del millennio,* Milano, Mondadori, 1987, 707 p.
Biblioteca di Siena, coll.: 8 B 06940

228 Newborn Monroe, *Computer chess.* New York, Academic Press, 1975, pp. 200.
Biblioteca Scientifico Tecnologica San Niccolò, coll.: I 5 043

229 Norgi Paul, *Notes sur les echecs. Avvertissements de Denis Marion Bruvelles,* Les livres nues, 1969.
Biblioteca circolo giuridico. Coll.: 06 134

230 Pachman Ludek, *Apertura, mediogioco e finale nella moderna partita a scacchi.* Milano, Mursia, 1983, 2ª ed.
Biblioteca di Siena, coll.: 794.1 PACL

231 Pacioli Luca, *Gli scacchi di Luca Pacioli, Evoluzione rinascimentale di un gioco matematica,* San Sepolcro, Aboca Museum, 2007, p. 278
Biblioteca Comunale di Siena, coll.: 7 A 03778

232 Padulli Giuseppe, *Gli scacchi.* Milano, Mursia, 1973, 17ª ed. Riveduta e ampliata a cura di Mario Monticelli., 235 p.
Biblioteca di San Gimignano, coll.: 794.1

233 Padulli Giuseppe, *Trattato elementare degli scacchi.* Catania, Brancato, 1991, 235 p.
Biblioteca di Colle Val d'Elsa, coll.: 794.1 PAD

234 Pagliaro Antonino, *La letteratura persiana.* [coautore: Bausani Alessandro]. Milano, Sansoni, 1968, 582 p.
Biblioteca di Siena, coll.: Patrignani 0959, coll.: Milano 1402.
Biblioteca di Lettere, coll.: 89. 2 . 37

Il gioco degli scacchi p. 124-127

235 Pagliaro Antonino, *Sulla più antica storia degli scacchi, persiana.* Sta in: "Rivista degli studi orientali", Roma, Loescher, 1949 (vol. 18), pp. 328-340.
Biblioteca di Siena, coll.: Patrignani 0959, coll.:PER CON 1034

Paoli Alberto, *Il grande libro degli scacchi e della dama.* [coautore: Maccagni Sandro]
(v. Maccagni Sandro)

236   Pareja Felix M, *La fase araba del gioco degli scacchi.* Sta in: "Oriente Moderno", anno XXXIII, n. 10, Roma, Istituto per l'Oriente, ottobre 1953.
Biblioteca del Circolo Giuridico, coll.: PER E2 14.

237   Pasquinelli Ugo, *ABC del gioco degli scacchi,* Milano, Hoepli, 1972, decima ed. aggiornata, p. 373
Biblioteca San Gimignano, coll.: 794 12 PAS

238   Passerotti Pierluigi, *Didattica scacchistica.* [coautore Fabbri Stefano e altri] Roma, Associazione scacchistica Torre e Cavallo, 1992, 64 p.
Biblioteca di Monteroni d'Arbia, coll.: 794.12 Pas

Passerotti Pierluigi, *Giochiamo con gli scacchi.* [coautore: Fabbri Stefano].
(v. Fabbri Stefano)

239   Peltzer Federico, *Il professore di scacchi.* Sta in: "Racconti argentini" a cura di Jorge Luis Borges. Parma, Milano, Franco Maria Ricci, 1981. p. 105-107.
Biblioteca di Siena, coll.: 0219/0028.

240   Pérez-Reverte Arturo, *La tavola fiamminga.* Traduzione di Ilide Carmignani, 2ª ed., Milano, Bompiani, 1999, 315 p.
Biblioteca Colle Val d'Elsa, coll.: 863,6 PER

241   Pernici Barbara, *Il gioco degli scacchi e la risoluzione automatica dei pazienti.* Sta in: "Atti convegno nazionale sui giochi creativi", Siena, Tipografia Senese, 1981, p. 129-135

Biblioteca di Siena, coll.: 6 B 01676. Biblioteca Scienze Siena, coll.: Dip. Matematica H 18 20. Biblioteca di Monteriggioni: 793.74 CON.

242 Petrozzi Elvezio, *Scacchi & computer.* Sta in: "Mc Microcomputer", Roma, 65, Technimedia, luglio-agosto 1987, p. 92-94
Biblioteca Scientifico Tecnologica San Niccolò, coll.: Dip. Matematica

243 Petrozzi Elvezio, *6° campionato mondiale di scacchi per microcomputer.* Sta in: "Mc Microcomputer", Roma, 68, Technimedia, novembre 1987, p. 134-137
Biblioteca Scientifico Tecnologica San Niccolò, coll.: Dip. Matematica

244 Petrozzi Elvezio, *Olimpiade per cocomputer: Londra 1989 come Atene 1896.* Sta in: "Mc Microcomputer", Roma, 78, Technimedia, ottobre 1988, p. 138-140
Biblioteca Scientifico Tecnologica San Niccolò, coll.: Dip. Matematica

245 Petrozzi Elvezio, *Scacchi eterodossi.* Sta in: "Mc Microcomputer", Roma, 83, Technimedia, marzo 1989, p. 126-128
Biblioteca Scientifico Tecnologica San Niccolò, coll.: Dip. Matematica

246 Petrozzi Elvezio, *Segnali da Londra.* Sta in: "Mc Microcomputer", Roma, 85, Technimedia, maggio 1989, p. 141
Biblioteca Scientifico Tecnologica San Niccolò, coll.: Dip. Matematica

247 Petrozzi Elvezio, *1ᵃ olimpiade per computer. Ultimissime da Londra.* Sta in: "Mc Microcomputer", Roma, 86, Technimedia, giugno 1989, p. 142-144
Biblioteca Scientifico Tecnologica San Niccolò, coll.: Dip. Matematica

248 Petrozzi Elvezio, *A Londra si è spento il fuoco di Olimpia.* Sta in: "Mc Microcomputer", Roma, 89, Technimedia, ottobre 1989, p. 176-178
Biblioteca Scientifico Tecnologica San Niccolò, coll.: Dip. Matematica

249 Pezzuto Ferruccio, *Karpov-Kasparov: settembre-novembre 1985. La vittoria di Kasparov.* Con analisi tecniche di Michele Cordara e Giampiero David. Torino, Elledi, 1985, 109 p.
Biblioteca di Castelnuovo Berardenga, coll.: 794 1 Pez

250 Pili Giangiuseppe, *Un mistero in bianco e nero. La filosofia degli scacchi,* Prefazione di Carlo Alberto Cavazzoni. Bologna, Le Due Torri, 2012, p. 200
Biblioteca di Siena, coll.: 794.1 PILG

251 Pintacuda Nicolo, *Le otto regine (programmazione backtrack).* Sta in: "Algoritmi elementari", Padova, Muzzio, 1986, p. 125-127.
Biblioteca di Economia, coll.: D.M.Q.-1903

252 Poe Edgar Allan, *Il giuocatore di scacchi di Maelzel.* Sta in: "I racconti 1831-1849", Torino, Einaudi, 1983.
Biblioteca di Siena, coll.: 0304/0173. Biblioteca Lettere Siena, coll.: 8. C. 10 POE

253 Poe Edgar Allan, *Il giuocatore di scacchi di Maelzel.* Milano, SE, 2009, p. 89. Traduzione di Grazia Crocco ; con uno scritto di Roberto Barbolini.
Biblioteca di Siena, coll.: POEEA GIO

254 Ponce-Sala Lorenzo, *Gli scacchi in 20 lezioni,* Milano, De Vecchi, 1988, 200 p.
Biblioteca di Sinalunga, coll.: 794 1 PON

255 Pontiggia Giuseppe, *Il giardino delle esperidi,* Milano, Adelphi, 1984, 307 p.
Biblioteca Cetona, coll.: Fondo Ceronetti 853.914 PON Inv.: 22446, Biblioteca di Chianciano, coll.: Fondo Terrosi Ft. Pon, coll.: 854.9/1 Inv.: 12233.84

P. 68-73: *Scacchi e paranoia;* p. 101-104: *Come ho perso la mia partita con gli scacchi.*

256 Pontiggia Giuseppe, *Il giocatore invisibile.* Milano, Mondadori, 1978, 226+2 p.
Biblioteca di Siena, coll.: 8 B 04966. Biblioteca di Abbadia San Salvatore, coll.: 003004. Biblioteca di Cetona, coll.: Fondo Villari: 853.914 PON.

257 Pontiggia Giuseppe, *Il giocatore invisibile.* Milano, Mondadori, 1997, 254 p.
Biblioteca di Montalcino, coll.: 852.914 PON.

258 Pontiggia Giuseppe, *L'arte della fuga.* Milano, Adelphi, 1968, 171 p.
Biblioteca Cetona, coll.: Fondo Villari Colloc.: 853.914 PON.
Biblioteca Chianciano, coll.: N. PON

Nella sequenza XVIII, la visita ad un circolo di scacchi del protagonista e del suo conoscente: il "clerc".

259 Pontiggia Giuseppe, *L'isola volante.* Milano, Mondadori, 1996, 291 p.
Biblioteca di Siena, coll.: 8 B 08990. Biblioteca Un. Stranieri, coll.: 81. 6. 1861.

Un capitolo è dedicato "all'eterno nemico al circolo degli scacchi".

260 Porcelli Bruno, *Strutture molteplici del giuoco degli scacchi di Adone canto XV.* Sta in: "Italianistica. Rivista di letteratura italiana", anno VIII, n. 2, maggio-agosto 1979, p. 287-291.
Biblioteca di Lettere e Filosofia, coll.: 058113

261 Porreca Giorgio, *Manuale teorico-pratico delle aperture.* Milano, Mursia, 1971, XXXI, 771 p. 6ª ed.
Biblioteca di Siena, coll.: 794.1 PORG

262 Previtera Gaetano, *Rosa a scacchi.* Sta in: "Malvagia",, 17-18, luglio 1985.
Biblioteca di Siena, coll.: PER 1039

263 Quinlan John Ross, Learning efficient classificastion procedures and their application to chess and games, 1983, pp. 463-482
Biblioteca di Scienza, coll.: A 9 009

264 Quondam Amedeo, *Favola non romansa. La partita a scacchi del furioso.* Sta in: La rassegna della letteratura italiana, vol. 79 (1975), n. 1-2, p. 310-321
Biblioteca di Lettere e Filosofia, coll.: 058 R 26

265 Rabelais François, *Gargantua e Pantagruele,* Torino, Einauidi, 1974.
Biblioteca di Siena, coll.: 8 C 02272, coll.: 8 C 02273

Nei capitoli XXIII e XXIV sono spiegate le regole degli scacchi e vengono descritte tre partite sotto forma di ballo.

266 Ramini Natale, *Gli scacchi resi facili.* Milano, De Vecchi, 1971, 318 p.
Biblioteca di Siena, coll.: 794.1 ROMN

267 Rendling Thierry, *Ethnologie des joueurs d'echecs,* Paris, Presses Universitaires de France, 2002, p. 256
Biblioteca Lettere e Filosofia, coll.: 12. 3. 345

Sul front.: Ouvrage publie avec le concours du Fonds national suisse de la recherche scientifique

268 Rittaud Benoi, *L'assassino degli scacchi e altri misteri matematici,* Siena, Barbera, 2005.
Biblioteca Castelnuovo Berardenga, coll.: 843 92 Rit; Biblioteca Monticiano, coll.: 843 RIT; Biblioteca di Siena. Coll.: GIALLORITB ASS

269 Rizzacasa Alessandro, *Livorno nella storia degli scacchi.* Introduzione di Massimo Guantini, postfazione di Mario Leoncini. Livorno, Comune di Livorno, 2009, p. 284.
Biblioteca di Siena, coll.: 7 B 05299

Rosino Antonio, *Storia degli scacchi in Italia. Dalle origini ai giorni nostri* [coautore: Chicco Adriano]
(v. Chicco Adriano)

270 Sacchetti Franco, *Il trecentonovelle,* a cura di Vincenzo Pernicone. Firenze, Sansoni, 1946, XXVI + 614 p.
Biblioteca Lettere, coll.: 83. 4. 434

Novella III: Parcittadino gioca a scacchi con Re Edoardo d'Inghilterra; novella LXVIII: Guido Cavalcanti è beffato da un fanciullo mentre gioca a scacchi; novella CLXXXIV: Il piovano di

San Giovanni suona le campane quando vince a scacchi.

271 Sacchetti Franco, *Il trecentonovelle,* a cura di Emilio Faccioli. Torino, Einaudi, 1970, XXXIV+765 p.
Biblioteca di Siena, coll.: 0221/0111

272 Sacchetti Franco, *Il trecentonovelle,* a cura di Antonio Lanza. Firenze, Sansoni, 1984, XLIV+901 p.
Biblioteca Univ. Stranieri, coll.: 81. 3. 33

273 Sacchetti Franco, *Il trecentonovelle,* a cura di Valerio Marucci. Roma, Salerno, 1996, XLIV+901 p.
Biblioteca Lettere, coll.:83 C 4 SAC (1)

274 Sacchetti Franco, *Il trecentonovelle,* a cura di Davide Puccini. Torino, Unione tipografico-editrice torinese, 2004, 748 p.
Biblioteca Lettere, coll.:83 C 4 SAC (1)

275 Saliba Michael, *Gli algoritmi scacchistici.* Sta in: "Atti convegno nazionale sui giochi creativi", Siena, Tipografia Senese, 1981, p. 112-128
Biblioteca di Siena, coll.: 6 B 01676. Biblioteca Scienze Siena, coll.: Dip. Matematica H 18 20. Biblioteca di Monteriggioni: 793.74 CON.

276 Salvadori Roberto Giuliano, *Gli scacchi come problema etico.* Sta in: "Atti convegno nazionale sui giochi creativi", Siena, Tipografia Senese, 1981, p. 136-146
Biblioteca di Siena, coll.: 6 B 01676. Biblioteca Scienze Siena, coll.: Dip. Matematica H 18 20. Biblioteca di Monteriggioni: 793.74 CON.

277 Salvatorelli *Il maestro di scacchi,* Milano, Piemme, 2012, 447 p.
Biblioteca di Siena, coll.: SALM MAE

278   Sant'Ambrogio Diego, *Scacchiera della metà del XVI secolo appertenuta ad un Bernabò Visconti di Como.* Sta in: "Archivio storico lombardo", IV serie, IV vol., s.d. (1906), p. 225-228.
Biblioteca di Siena, coll.: PER 048, Biblioteca Circolo Giuridico: Per D3 49

Santi Ettore, *Il gioco degli scacchi nella formazione scolastica.*
Sta in: "Matematica e Scacchi" (v.), p. 17-31

279   Sanvito Alessandro, *Bibliografia italiana degli scacchi: dalle origini al 1999.* Milano, Bonnard, 1999, 225 p.
Biblioteca di Siena, coll.: PROF 016.7941 SANA

280   Sanvito Alessandro, *Il dilettevole e giudizioso giuoco de gli sccchi. Manoscritto inedito del XVI secolo.* Edizione critica in italiano e inglese [con Kenneth Whyld]. Milano, Sylvester Bonnard, 1998, 292 p.
Biblioteca di Siena, coll.: 7 B 05186; Biblioteca di Siena, coll.: 7 B 05187

Manoscritto inedito del 18. Secolo. Edizione critica in italiano e in inglese a cura di Alessandro Sanvito e Kenneth Whyld

281   Sanvito Alessandro, *L'arte degli scacchi.* In occasione del 9° congresso Chess Collectors International, Firenze 23-28 maggio 2000, Biblioteca Nazionale Centrale, Sala Dante, 24-15 giugno 2000. Catalogo a cura di Alessandro Sanvito. Milano Bonnard, 2000, 140 p.
Biblioteca di Siena, coll.: 7 B 04007

282 Sanvito Alessandro, *Libri di scacchi.* Sta in: "Manuale enciclopedico della bibliofilia", Milano, Edizioni Sylvestre Bonnard, 1997, p. 545-547.
Biblioteca di Siena, coll.: Cons. Man. 0103. Biblioteca di Lettere, coll.: 2'. 1. 193. Biblioteca Univ. Stranieri, coll.: 20. 1. 110.

n occasione del 9. congresso Chess collectors international, Firenze 23-28 maggio 2000: Firenze, Biblioteca Nazionale Centrale, Sala Dante, 24 maggio-25 giugno 2000; catalogo a cura di Alessandro Sanvito
In testa al front.: Ministero per i beni e le attivita culturali, Biblioteca Nazionale Centrale di Firenze

Sanvito Alessandro *Lineamenti di una bibliografia italiana degli scacchi.* [Chicco, Adriano]
(v. Chicco Adriano)

283 Sanvito Alessandro, *Lineamenti di una bibliografia italiana degli scacchi 1987-1996.* Roma, A.M.I.S., 1997, 63 p.
Biblioteca di Monteriggioni, coll.: 016/794 SAN

284 Sanvito Alessandro, *Scacchi e tavole da gioco nella collezione Carrand.* Museo nazionale del Bargello. Firenze, Museo nazionale del Bargello, SPES, 2000, 42 p.
Biblioteca Lettere Siena, coll.: 7. 8. 804 (47)

285 *Scacchi di Venafro. Datazione radiocarbonica con il metodo della spettometria di massa con acceleratore.* Milano, L'Italia Scacchistica, 1994, 64 p.
Biblioteca di Monteriggioni, coll.: 794.1 SCA

Articoli di: M. Borriello, F. Pratesi, A. Sanvito,, G. Ferlito, C. piccioli,F. Terrasi,L. Campajola, F. Petrazzuolo, A. Brondi, M. Cipriano, A. d'Onofrio,Qian Zhi Hua, V. Roca, M. Romano, M. Romoli, C. Tunitz, E. Lawson.

La datazione radiocarbonica pose fine all'annoso problema della datazione dei pezzi trovati a Venafro dalla prof.ssa Olga Elia (v.). I pezzi furono datati al 920 d.C circa.

Schaffer Jonathan, *The game of chess* [coautore: Simon Herbert A.]
(v. Simon Herbert A.)

286 Scheidwimmer Max, *Avvio agli scacchi,* Milano, L'Italia Scacchistica, 1973, 72 p.
Biblioteca Comunale Monteroni d'Arbia, coll.: 794.12 Sch

287 Schonberg Harold C., *I grandi maestri degli scacchi.* Traduzione dall'inglese di Maria Eugenia Zuppelli Morin. Milano, Garzanti, 1975, pp. 253.
Biblioteca di Siena, coll.: **794.1 SCHHC.** Biblioteca di Torrita, coll.: 794.1 SCH

288 Scott J.J., *A Chess-Playing Program.* Sta in: "Machine Intelligence 4, Edimburg, 1969, , p. 255-266.
Biblioteca Scientifico Tecnologica San Niccolò, coll.: Dip. Matematica: F-6-010

289 *Seminario FIDE CACDEC 1988,* Federacion International de Ajedrez, Comision de asistencia a paises en desarrollo ajedrecistico, Milano, Verpal, 1990, 85 p.
Biblioteca di Castelnuovo Berardenga

290 Simon Herbert A., *The game of chess,* Sta in: Handbook of game theory with economic applications. p. 1-18.
Biblioteca Circolo Giuridico, coll.: P6 2281. Biblioteca Economia coll.: DEP 4314 A, DEP 4314 B, DEP 5723 B, Sez. Chiostro MAT-A-2. Biblioteca Scienze, coll.: Dip. Matematica EM 158, EM 158.1, EM 158.2

291 Stassi Fabio, La rivincita di Capablanca, Roma, Minimum Fax, 2008, p. 203
Biblioteca di Siena, coll.: STAR RIV

292 Stegmeyer Franz, *Etica e giuoco degli scacchi.* Sta in: "Minerva", Torino, 12 marzo 1942, p. 95-96
Biblioteca di Siena, coll.: PER 0200.

Traduzione da "Die neue Linie", Lipsia, gennaio 1942

293 Steinhaus, Hugo, *Altri problemi: scacchiera illimitata.* Sta in: "Cento problemi di matematica elementare", Torino, Boringhieri, 1987
Biblioteca Scientifico Tecnologica San Niccolò, coll.: Dip. Matematica H-14-34, Biblioteca Scientifico Tecnologica San Niccolò, coll. C 022

294 Süskind Patrick, *Ossessioni. Tre racconti e una riflessione,* traduzione di Laura Pignatti, Nukano, Longanesi, 2007, p. 60.
Biblioteca di Siena, coll.: SUSP 0SS; coll.: L.I.O SUSP OSS; coll.: 152.4 SUSP

Il secondo dei tre racconti, "Una sfida", è a tema scacchistico.

295 Tal Mihajl, *Rapporto da Baguio.* [coautore: Bjelica Dimitrije], Abano Terme, Francisci, 1980, 236 p.
Biblioteca di Siena, coll.: 7 B 02418

296 Tegnér Elias, *Frithiof: poema.* Prima versione italiana dal testo scandinavo-svedese dell'abate Alessandro Bazzani, Milano, Sonzogno, [1904?], 128 p.
Biblioteca di Siena, coll.: Patrignani 2532

Frithiof gioca a scacchi.

397 **Turci Alberto,** *Lezioni di scacchi per bambini.* Milano, DVE Italia, 2002, 95 p.
Biblioteca Colle Val d'Elsa, coll.: R 794.1 TUR

298 **Turci Alberto,** *Lezioni di scacchi per bambini.* Milano, DVE Italia, 2004, 64 p.
Biblioteca Chiusi, coll.: RA 794.4 TUR;+Biblioteca Monticiano

299 **Turci Alberto,** *Lezioni di scacchi per bambini.* Milano, De Vecchi, 2007, 95 p.
Biblioteca di Colle Val d'Elsa, coll.: R 794.1 TUR

300 **Turel adrien,** *Bianco e nero nella storia degli scacchi.*
Sta in: "Eco del mondo", gennaio 1949, p. 588-593.
Biblioteca di Siena, coll.: PER CON 0124

301 **Turci Alberto,** *Lezioni di scacchi per bambini.* Milano, De Vecchi, 2007, 95 p.
Biblioteca di Colle Val d'Elsa, coll.: R 794.1 TUR

302 **Turing Alan,** *Chess. Digital Computers Applied to Games.* Sta in: "Faster than Thought", Pitman, London, 1953.
Binlioteca Comunale di Siena, coll.: 6 B 00067

303 **Vaccher Angelo Paolo,** *Scacchi: mosse, test, esercizi per imparare divertendosi al più classico dei giuochi.* Milano, Idealibri, 1993.
Biblioteca di Castellina in Chianti, coll.: 791.1 VAC

304 **Van Dine, S.S.,** *L'enigma dell'Alfiere,* Milano, Mondadori, 1974.
Biblioteca di Rapolano, coll.: 8 B 343

305 Vega Diego, *Re di scacchi. Gli scacchi di Alfonso X.*
Milano, FMR, 1994. p. 109-115
Biblioteca di Montepulciano

Vega Diego, *Re di scacchi. The King in Chess.*
(v. Leoncini Mario)

306 Wendig Thierry, Etnologie *des jouers d'échecs,* Paris,
Presse universitaires de France, 2002
Biblioteca Lettere Siena

Whild Kenneth, *Il dilettevole e giudizioso giuoco de gli scacchi. Manoscritto inedito del XVI secolo.* Edizione critica
in italiano e inglese
[v. Sanvito Alessandro]

307 Williams Gareth, *Imparare il gioco degli scacchi. Una facile guida illustrata al popolare gioco di strategia,* Bath,
Parrogon Book, 2006, p. 64
Biblioteca San Gimignano, coll.: 794 1

108 Wirth Niklaus, *Il problema delle otto regine.* Sta in:
"Algoritmi+strutture dati=programmi", Milano, Tecniche
nuove, 1987, p.141-145.
Biblioteca di Siena, coll.: 5 B 01327

Wüllenweber M., *Chessbase. Studiare gli scacchi con il computer come un campione del mondo.* [coautore: Braga
Fernando].
(v. Braga Fernando)

309 Zermelo. Erns, On an application of set theory of thr
gsmr of chess, sta in: Readings in game information, 2002, pp.
79-82
Biblioteca Economia, Coll.: BEC 10128

310 Zilberstein David, *208 partite di Garry Kasparov e il match di Londra 1984,* Milano, Mursia, 1984, 262 p.
Biblioteca di Chianciano, coll.: 794/1

311 Zobrist L.A, *Il calcolatore a lezione di scacchi.* [coautore: Carlson F.R. Jr]. Sta in: "Le Scienze", anno VI, vol. XI, n. 62, Milano, ottobre 1973, p. 76-91.
Biblioteca di Siena, PER 082, PER 5/0015. Biblioteca centrale di Medicina, coll.: N.Ist.biol. B15/ Sezione Biochimica

312 Zweig Stefan. *La novella degli scacchi.* Milano, Sperling & Kupfer, 1947, 80 p.
Biblioteca di Siena, coll.: 07476

313 Zweig Stefan, *Novella degli scacchi.* Milano, Garzanti, 1982, 94 p. Prefazione di Daniele del Giudice, traduzione di Simona Martini Vigezzi.
Biblioteca di Siena, coll.: 8 B 05656. Biblioteca Univ. Stranieri Siena, coll.: 800.C.8 (73). Biblioteca San Gimignano.

314 Zweig Stefan, *Novella degli scacchi.* Milano, Garzanti, 1994, 107 p. Prefazione di Daniele del Giudice, traduzione di Simona Martini Vigezzi.
Biblioteca di Castellina in Chianti, coll.: 833.912 ZWE

315 Zweig Stefan, *Novella degli scacchi.* Torino, Einaudi, 2013, 72 p. Prefazione di Enrico Ganni, traduzione di Simona Martini Vigezzi.
Biblioteca di Poggibonsi, coll.: CLASSICI GER 900 ZWES